秦陇华 著

十里窑场
瓷韵涌动

耀州窑

语 书系

总主编

李炳武

西安出版社

图书在版编目（CIP）数据

十里窑场瓷韵涌动：耀州窑 / 秦陇华著. — 西安：西安出版社, 2023.10
ISBN 978-7-5541-6431-0

Ⅰ.①十… Ⅱ.①秦… Ⅲ.①瓷窑遗址—介绍—铜川 Ⅳ.①K878.5

中国国家版本馆CIP数据核字(2023)第176443号

十里窑场瓷韵涌动
耀州窑
SHILI YAOCHANG CIYUN YONGDONG
YAOZHOU YAO

秦陇华　著

出 版 人：屈炳耀
出版统筹：李宗保　贺勇华
策　　划：张正原
责任编辑：赵郁芬　陈梅宝
责任印制：尹　苗
出版发行：西安出版社
社　　址：西安市曲江新区
　　　　　雁南五路1868号影视演艺大厦11层
电　　话：（029）85253740
邮政编码：710061

印　　刷：重庆新金雅迪艺术印刷有限公司
开　　本：787mm×1092mm　1/16
印　　张：15.5
字　　数：159千
版　　次：2023年10月第1版
印　　次：2023年10月第1次印刷
书　　号：ISBN 978-7-5541-6431-0
定　　价：78.00元

如有印刷、装订问题，本社负责另换。

阅读文物 拥抱文明

郑欣淼

　　文物所折射出的恒久魅力，已为越来越多的人所认识。今天呈现在读者面前的这部"丝路物语"书系，就是这一魅力的具体体现。

　　"让收藏在博物馆里的文物、陈列在广阔大地上的遗产、书写在古籍里的文字都活起来。"（习近平语）党的十八大以来，习近平总书记担负着实现中华民族伟大复兴的历史重任，饱含着对传统文化的深厚感情，让文物活起来始终为其所关注、所思考。让文物活起来，就是深入挖掘文物的内涵，充分发挥文物的作用。中国文物是中华民族的文明印记和精神标识，是全体中国人乃至全人类的珍贵财富；它对于激发人民群众对中华优秀传统文化的了解、认同和热爱，坚定文化自信，汇聚发展力量等作用是不言而喻的。

　　近年来，一些优秀的文物类书籍、综艺节目、纪录片、文化创意产品等不断涌现，文化遗产元素成为国家外交的桥梁，文物逐渐成为"网红"并受到越来越多年轻人的青睐，这些都充分彰显着"让文物活起来"已逐渐从理念转化为行动，那些在历史长河中积淀下来的文物珍存正在不断走近百姓、融入时代、面向世界。

说到文物，不能不把眼光聚焦于丝绸之路。人类社会交往的渴望推动了世界文明间的相互交融和渗透，中华文明与亚、欧、非三大洲的古代文明很早就发生接触，相互影响，相互交流。直到 1877 年，德国地理学家李希霍芬在他的著作《中国——我的旅行成果》里首次提出了"丝绸之路"的概念。近半个世纪以来，随着丝绸之路考古发现和学术研究的不断深入，极大地开阔了人们的视野。特别是"一带一路"倡议的全面推进，丝绸之路研究更成为国际显学。在古代文明交流史上，丝绸之路无疑是极其璀璨的一笔。它承载着千年古史，编织着四方文明。也正因为丝绸之路无与伦比的历史积淀，形成了独特的历史文化遗产，其数量之大、等级之高、类型之丰富、序列之完整、影响之深远，都是世所公认的。神秘悠远的古代城址、波澜壮阔的长城关隘烽燧遗址、精美绝伦的艺术品、气势磅礴的帝王陵墓、灿若星辰的宫观寺庙、瑰丽壮美的石窟寺……数不清道不尽的文物珍宝，足以使任何参观者流连忘返，叹为观止。2014 年，"丝绸之路：长安—天山廊道的路网"成功跻身《世界文化遗产名录》，使丝绸之路迎来了新的历史机遇，也对广大文化文物工作者提出了新的要求。

　　"让文物说话，把历史智慧告诉人们。"这是习近平总书记的谆谆嘱托。中华文化优雅如斯，如何让文物说话，飞入寻常百姓家，是当下无数文化界人士亟待攻坚的课题，亦是他们光荣的使命。客观来讲，丝绸之路方面的论著硕果累累，但从一般读者角度，特别是从当下文化与旅游结合角度着眼的作品不多，十分需要一套全面系统地介绍丝绸之路文物故事的读物。

令人欣喜的是，西安出版社组织策划了这套颇具规模的"丝路物语"书系，并由李炳武先生担任主编，弥补了这一缺憾。李炳武先生曾经长期在文物文化领域工作，也主持过"中华国宝·陕西珍贵文物集成""长安学丛书"和《陕西文物旅游博览》等大型文物类图书的编纂工作，得到了业界的充分肯定；加之丛书的作者都是有专业素养的学者，从而保证了书稿的质量。

如何驾驭丝绸之路这样一个纵贯远古到当今、横贯地中海到华夏大地的话题，对于所有编写者来说，都是具有挑战性的。这套书的优点或者说特点，可以概括为以下几个方面：

这套书最大的一个优点，就是大而全。从宏观的视野，用简明的线条，对陆上丝绸之路的博物馆、大遗址进行了全景式梳理，精心遴选主要文物，这些国宝的历史、艺术和科学价值在字里行间一一呈现。

丝绸之路文化遗产类型丰富，作者在文中并没有局限于文物本身的解读，还根据文物的特点做了大量的知识拓展，包括服饰的流变，宗教的传播，马匹的驯化，葡萄等水果的东传，纸张的发明和不断改进，医学的发展，乐器、绘画、雕刻、建筑、织物、陶瓷等视觉艺术的交互影响，等等。其中既有交往的结果，也有战争的推动。总体而言，这些内容是讲述丝绸之路时所不可或缺的内容，使读者透过文物认识了丝绸之路丰富的文化内涵。

值得称道的是，这套书采取探索与普及相结合的方式，图文并茂，力求避免学究气的艰涩笔调，加入故事性、趣味性，使文字更具可读性，达到雅俗共赏的目的。通过图书这一载体，能够使读者静静地品味和欣赏这些文物，传达出对历史的沉思和感悟，完善自己对文物、丝绸之路和文化的认知。读过这套书后，相信读者都会开卷有益，收获多多，文物在我们眼中也将会是另一番面貌。

我们有幸正处于坚持以人民为中心的改革发展伟大时代，每一件文物，都维系着民族的精神，让文物活起来，定会深入人心、蔚为大观。此次李炳武先生请我写序，初颇踌躇，披卷读来，犹如一场旅行，神游历史时空之浩渺无垠，遐思华夏文化之博大精深。兼善天下，感物化人历来是每一个中国知识分子的精神所属，若序言能为一部作品锦上添花，得而为普及民众的文物保护意识起到促进作用，何乐而不为？

是为序。

·郑欣淼·
中国文化部原副部长、故宫博物院原院长、中华诗词学会会长、著名历史文化学者。

丝路物语话沧桑

李炳武

2013 年 9 月，中国国家主席习近平访问哈萨克斯坦时，在纳扎尔巴耶夫大学发表演讲，首次提出共同构建"丝绸之路经济带"的宏伟倡议。2014 年 6 月，"丝绸之路：长安—天山廊道的路网"成功跻身《世界文化遗产名录》。

丝绸之路是世界上路线最长、影响最大的文化线路。丝绸之路是指起始于古代中国的政治、经济、文化中心——古都长安（今西安）连接亚洲、非洲和欧洲的古代陆上商业贸易路线。它跨越陇山山脉，穿过河西走廊，通过玉门关和阳关，抵达新疆，沿绿洲和帕米尔高原通过中亚、西亚和北非，最终抵达非洲和欧洲，向南延伸到印度次大陆。这条伟大的道路沟通了中国、印度、希腊三大文明，全长一万多千米。它是一条东方与西方之间经济、政治、文化进行交流的主要道路，促进了欧亚大陆不同国家、不同文明之间在商贸、宗教、文化以及民族等方面的交流与融合，为人类社会的共同发展和繁荣做出了卓越贡献。

公元前 138 年，使者张骞受汉武帝派遣从长安出发，出使月氏。13 年中，他的足迹踏遍天山南北和中亚、西亚各地。在随后的 2000 多年间，无数商贾、旅人沿着张骞的足迹，穿越驼铃叮当的沙漠、炊烟袅袅的草原、飞沙走石的戈壁，来往于各国之间，带来了印度、阿拉伯、波斯和欧洲的玻璃、红酒、马匹，宗教、科技和艺术，带走了中国的丝绸、漆器、瓷器和四大发明，举世闻名的丝绸之路渐渐形成。

用"丝绸之路"来形容古代中国与西方的文明交流，最早出自德国著名地理学家李希霍芬1877年所著的《中国——我的旅行成果》一书。由于这个命名贴切写实而又富有诗意，很快得到学术界的认可，并风靡世界。

近年来，丝绸之路迎来了新的历史机遇，沿丝绸之路寻访探秘的人络绎不绝。发展丝路经济，研究丝路文明，观赏丝路文物成了新时代的社会热潮，"丝路物语"书系便应运而生。在本书和读者见面之际，作为长安学研究者、"丝路物语"书系的主编，就该书的选题范围、研究对象、编写特色及意义赘述于下：

"丝路物语"书系，以"丝绸之路：长安——天山廊道的路网"遗产及相关博物馆为选题范围。该遗产项目的线路跨度近5000千米，沿线包括了中心城镇遗迹、商贸城市、聚落遗迹、交通遗迹、宗教遗迹和关联遗迹五类代表性遗迹以及沿途丰富的特色地理环境。丝路沿线遗迹或壮观巍峨，或鬼斧神工，或华丽精美，见证了欧亚大陆在公元前2世纪至公元16世纪之间人类文明进步的重要阶段，以及在这段时间内多元文化并存的鲜明特色。

"丝路物语"书系，每册聚焦古丝绸之路上的一座博物馆、一处古遗址或一座石窟寺，力求立体全面地展示丝绸之路上的历史遗存、人文故事和风土人情。这是一套丝绸之路旅游观光的文化指南，从中可观赏到汉代桑蚕基地的鎏金铜蚕，饱览敦煌石窟飞天的婀娜多姿，聆听丝路古道上的声声驼铃。古丝绸之路是人类文明的宝贵遗产，记录着社会的沧桑巨变，这是一部启封丝路文明的记忆之书。

"丝路物语"书系，以阐释文物为重点。文物是中华民族的精神标识。"让收藏在博物馆里的文物、陈列在广阔大地上的遗产、书写在古籍里的文字都活起来。"这对于激发人民群众对中华优秀传统文化的了解、认同和热爱，坚定文化自信，汇聚发展力量不可小觑，这是一部积淀文化自信的启智之作。

2000 多年前，我们的先辈筚路蓝缕，穿越草原沙漠，开辟出联通亚欧非的陆上丝绸之路。这不仅是一条通商易货之道，更是一条文化交流之路。沿着古丝绸之路，中国将丝绸、瓷器、漆器、铁器传到西方，也为中国带来了胡椒、亚麻、香料、葡萄、石榴。沿着古丝绸之路，佛教、伊斯兰教及阿拉伯的天文、历法、医药传入中国，中国的四大发明、养蚕技术也由此传向世界。更为重要的是，商品和文化交流带来了观念创新。比如，佛教源自印度，却在中国发扬光大，在东南亚得到传承。儒家文化起源于中国，却受到欧洲莱布尼茨、伏尔泰等思想家的推崇。这是交流的魅力，互鉴的成果。这些各国不同的异质文化，犹如新鲜血液注入华夏文化肌体，使脉搏跳动更为雄健有力。古丝绸之路绵亘万里，延续千年，积淀了以和平合作、开放包容、互学互鉴、互利共赢为核心的丝路精神。

新时代、新丝路、新长安。2017 年，习近平主席在"'一带一路'国际合作高峰论坛"上指出：古丝绸之路是人类文明的宝贵遗产。为让这些遗产、文物鲜活起来，西安出版社策划出版的"丝路物语"书系，承载着别样的期许与厚望，旨在以丝绸之路的隽永品格对话当代社会的文化建构，以高度的文化自觉唤醒当代社会的文化自信。

我们作为丝绸之路起点长安的文化工作者，更应该饱含对传统文化的深厚感情，自觉担负起实现中华民族伟大复兴的历史重任，充分运用长安学的最新研究成果，为保护、研究和传承人类文明的宝贵遗产尽心尽力，助推"一带一路"伟大事业的蓬勃发展。

精品力作是出版社的立身之本，亦是文化工作者的社会担当。"丝路物语"书系的出版，凝聚着众多写作和编辑人员的思考与汗水。借此，特别感谢郑欣淼部长的热情赐序；感谢策划人、西安出版社社长屈炳耀先生的睿智选题与热情相邀；感谢相关遗址、博物馆领导的支持和富有专业素养的学者和摄影人员的精心创作；更要感谢西安出版社副总编辑李宗保和编辑张正原认真负责、卓有成效的工作。

"丝路物语"书系的出版虽为刍荛之议、管窥之见，但西安出版社聆听时代声音、承担时代使命以及致力于激活文化遗产、传播中国声音的决心定将引领其走向更远的未来。

是为序。

· 李炳武 ·

陕西省文物局原副局长、陕西省文史馆原馆长、"长安学"创始人、陕西师范大学国际长安学研究院首任院长、三秦文化研究会会长、长安学研究中心主任、著名历史文化学者。

耀州青瓷赋

秦陇华

　　青瓷，秉天地灵气，得自然造化而制成。色如青玉，可与日月争辉；历史悠久，能同天地比寿。乃神州瓷器文化之源头，华夏民族精神之载体。

　　王益区黄堡镇，耀州窑青瓷产地也。盛唐肇基，北宋成熟。鼎盛之际，九州能工翩翩而来，四海巧匠纷纷而至。漆水两岸，瓷窑林立，烟火相望，灿若云霞，延绵十里。其产品润如玉，明似镜，声如磬。刻花犀利洒脱，自由流畅；印花严谨典雅，繁而有致。釉色晶莹而柔和，件件尽善尽美；开片无意而自然，无不古色古香。技艺登峰造极，规模空前启后。上贡朝廷，屡蒙褒奖；远销海外，供不应求。实乃北方青瓷之翘楚，全球博物馆争藏之瑰宝。可惜金元战乱，炉熄火灭，名瓷失传。

　　陈万里者，当代古陶瓷界泰斗也。以如炬之双目，于20世纪50年代，识元丰《德应侯碑》于黄堡漆水河畔。碑文详载宋耀州窑工艺，一字千金。为华夏窑神碑之肇端，万里难觅。

　　李国桢者，当代陶瓷界革故鼎新之大匠也。怀复兴国宝之凌云壮志，践履漆滨。费尽心血于烧成技术，终使千年古瓷，于1976年起死复生。

入改革开放岁月，传统工艺，百废俱兴。陶瓷界同仁，历三十载酷暑寒风，呕心沥血改进技艺；经八万里风霜雪雨，跋山涉水请教专家。天道酬勤，终于创立惊人业绩。

倒流壶，反向思维之产物，妙趣盎然，集刻花、圆雕、浮雕于一体。其凤头提梁，展翅欲飞，气势高昂；其双狮壶流，母子依偎，情深意真；其器型圆浑饱满，协调美观，精巧绝伦。

世纪巨杯，铭记旧世纪，奔向新世纪，启迪新品纷纷面世，开拓创新，与时俱进。其器型自然传神，庄重雄浑。观之静穆幽深，抚之浑厚华滋。

青瓷挂件，色如淡青湖水，图案玲珑剔透，清丽淳厚，韵味深远。青瓷印章，凿技健拔奇肆，古朴典雅，精巧绝伦。青瓷瓶、墩、盘，莹澈如碧玉，神韵幽远；透翠似嫩荷，灵性密微。件件作品，含唐宋之雍容华贵，有明清之优雅精巧，亦孕育有现代理念与智慧。集实用性、收藏性于一体，优雅别致；熔艺术性、观赏性于一炉，妙趣横生。

《易》曰：天行健，君子以自强不息。愿青瓷界同仁乘天时以创伟业，借地利以图强势，重登艺术极顶，再铸辉煌业绩。

耀州窑唐三彩拱手胡俑

目录

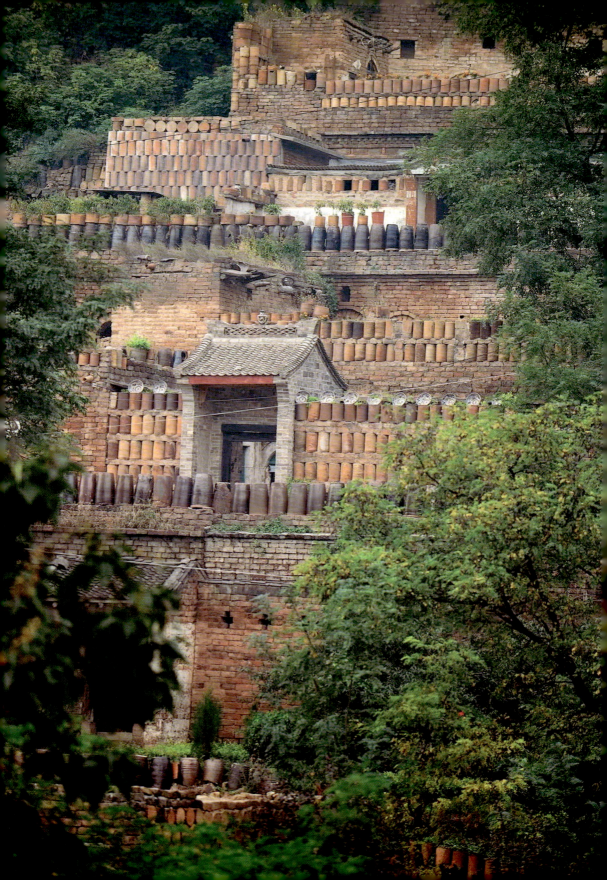

开篇词

祖国五千年的文明史，犹如一支饱蘸墨彩的画笔，在山川大地之间蜿蜒走笔，勾勒出了一幅亘古至今、壮丽宏伟的长卷。

当我们攀上秦岭之巅，举目北望，越过八百里关中平原，深入地处莽莽渭北高原腹地、漆漆漆水河畔的铜川市王益区黄堡镇时，不禁浮想联翩——这一座古老的山间小镇，是怎么绽放出绚丽多姿的陶瓷文化奇葩的呢？

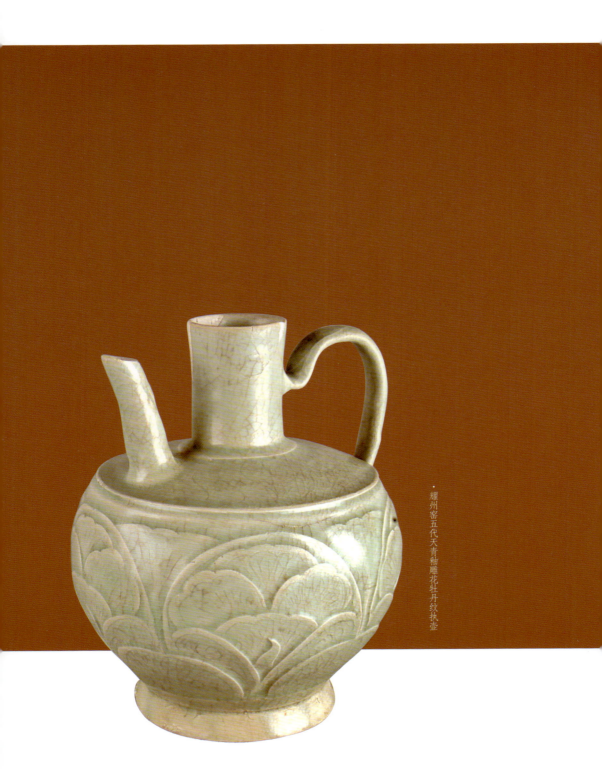

耀州窑五代天青釉雕花牡丹纹执壶

上篇

数千年的文明时空中，各种文化遗产犹如一只只绚丽的蝴蝶，在浪漫地展翅飞舞。它们不断激发着人们探求陌生畛域的渴望，给予人民前行的动力。这些「蝴蝶」从受精卵、幼虫、蛹蜕变到羽化飞天的曲曲折折历程，在有心抑或无意之间，或载于斑驳的史册，或飘散在丝路漫道旁，或沁润在民俗民风里，最终渗入民族的骨髓血脉之中……

漆水秘密

类型不同、时空不同、价值多元的历史遗存，是中华民族最醒目的文明传承。黄土高原南端、渭北平原北塬、漆水河畔的黄堡镇，在数千年的岁月中，用黄土的骨架淬炼出了一代又一代五彩斑斓的生活。

陕西省铜川市耀州窑遗址是中国古代著名的陶瓷产地之一。唐代初期这里的陶瓷业已具规模，五代逐步成熟，北宋达到鼎盛时期，元明两代趋于衰落。铜川旧称同官县，宋代时归耀州管辖，加之陶瓷汇聚于此销售，故此地窑亦被称作耀州窑。耀州窑与定窑、钧窑、磁州窑、龙泉窑、景德镇窑并称为"宋代六大窑系"，其中心窑场在今王益区黄堡镇，后世发展到印台区陈炉镇、立地坡、上店和玉华宫等地。

黄堡镇位于漆水河西岸小盆地上，周围群山环抱，林木茂盛，交通便利，水源充沛，附近出产煤炭与坩子土，拥有良好的烧瓷条件。唐、五代和北宋时，窑场沿着漆水两岸，密集布陈，错落林立，史称"十里陶坊"。前往窑场的川道两侧，尤其是南寺、北寺等地，店铺栉比鳞次，商贾往来如织，是当时西北地区最为重要的陶瓷集散地。

《尚书·禹贡》中记载漆水曰："泾属渭汭，漆沮既从。"漆水发源于宜君县云梦乡庙山南麓，由北向南，流经铜川市印台区的城关（原同官县城）、五里铺，入王益区，绕过飞仙山，进入黄堡镇等地，在耀州区与沮河汇合。两条河汇合后称石川河，流过富平县，在西安市临潼区交口注入渭河。据说因古时沿岸多漆木而得名漆水。今流域面积 774 平方千米，全长约 64 千米。

漆水河是一条季节河，平时细流涓涓，微波荡漾，温柔而宁静，但夏秋两季如逢倾盆暴雨，便形成滚滚洪流，以致冲毁农田、房舍、窑场和城池。长期以来，两岸百姓饱受水患之苦。黄堡历史上，每隔若干年，汛期的漆水河就会夹杂着大量泥沙，从上游倾泻而下。洪水咆哮着扑上岸，浪花飞溅入窑场。正在劳作的窑工们，见势不妙，放下手中活计，慌忙起身，在一片呼朋唤友的喊声中，纷纷逃往山坡高处躲避。河水很快漫上河堤，淹没了窑炉。洪水退去后，厚厚的泥沙覆盖了窑址，掩埋了成摞的瓷器。此后，窑工们在旧址上面，又重建窑炉，不知哪一天洪水又会袭来。周而复始，直到耀州窑炉熄火灭……

漆水成年累月泛滥产生的泥沙，逐渐淹没了原来的河岸，覆盖了当年耀州窑的痕迹。静静的漆水两岸，只有废弃窑址上的萋萋荒草在迎风摇曳。居民和过客也逐渐忘记了两岸窑炉彻夜长明的烛光，忘记了作坊中锤捣练

今漆水河两岸

泥的杵臼声，忘记了采泥、倒料和拉货的车马声。同官历代县志和个别古籍里，可以查阅到简短的记载，一些代代口耳相传的民间传说中，偶尔也有只言片语。

时光如流水，岁月似长风。1949年，中华人民共和国成立后，中国大地进入了一个新的时期。铜川连年的兵燹匪患、民不聊生的历史成为过去，取而代之的是一片百业待兴的景象，这时的漆水河依旧舒缓晶莹，两岸河堤上杨柳依依，柔风徐徐。

1953年，北京广安门外工人在施工期间，从地基里挖出一大批青瓷碎器，故宫博物院派人赴现场采集出300多件。这批文物绝大部分是盘、碗一类的器皿，器内纹饰以龙、凤和花卉为主。从标本的制作工艺和表面釉色来看，可以确定是同一瓷窑的产品。据推测，这批产品应是北宋皇室的御用品，在金兵攻陷汴京（今开封）后，被掠夺至中都（今北京）。专家们开始争辩这批"贡瓷"属于哪个窑系，有的说属于"临汝窑""北丽水"，也有人言"北龙泉""白龙泉"，国外又认为属于"汝窑""东窑"，等等。众说纷纭，莫衷一是。

1931年民国政府开通咸（阳）榆（林）公路时，在黄堡出土了不少瓷器。1939年修建咸（阳）同（官）铁路，又挖掘出大量瓷器。尽管当时兵荒马乱，但这些瓷器还是在社会上引起了轰动。1958年成立的陕西省考古所，对黄堡耀州窑址进行了首次考古发掘。发掘面积达1472平方米，清理出宋、金瓷窑和砖窑12座、作坊5间，发现唐、宋、金元3个时期的文化层，出土了 8 万多件瓷片标本。这次发掘，不仅是耀州窑遗址考古发掘之始，也是我国古瓷窑遗址的第一次大规模考古发掘。随着在黄堡地区考古挖掘的深入，北京那批瓷器神秘的面纱也被揭开了——它们是耀州窑的产品。

1973 年，位于耀州窑遗址附近的铜川市灯泡厂开展厂房基建工程，也出土了一批耀州瓷碎片。省市文物部门又对此地进行了考古发掘，找到 3 座并排的宋代窑炉，清理出保存较好的一座，出土了瓷片和窑具 2 万多件（片）。

1984 年夏，黄堡镇新村几位农民在漆水河岸打石灰窑。其中一人举起镢头使劲向下挖，不承想"咚"的一声，地下出现一个脸盆大的深洞。好奇的人们打着手电筒，向漆黑的洞内张望，灯光下的景象顿时震惊了他们：洞里整齐排列着大水缸、石碓臼……这是一处 800 年前的制瓷作坊和窑炉！宋代耀州瓷制泥、成型、施釉等整个生产加工过程，以及平面呈马蹄形、顶部呈拱形的馒头状窑炉内外部结构，在这里一目了然，不用再去推论或设想。这样保存得十分完好的古制瓷作坊，在国内是首次发现。此后一个多月的时间里，考古工作者在其周围又出土了大批唐、宋、金、元各时代的精美瓷器，而且清理出 3 座烧制唐三彩器的窑炉，使耀州窑成为我国已知的第 2 处烧制唐三彩的窑场。

沿着耀州窑址最南端的凤凰沟向北走，漆水河谷的两岸，坐落着部队营区、灯泡厂、电瓷厂、铜川市第四中学和农业生产队等单位。耀州窑考古发掘的探沟和探方，几乎遍布这些单位的建筑物之下，甚至是周边的河

滩堤堰或菜园瓜田。在这里，考古工作者用手里的探铲用力掏洞，小平铲轻轻挖土，皮卷尺精确丈量位置，毛刷清洁标本表面……他们在黄壤厚土下寻找到唐、五代、宋、金、元、明各时代的文化堆积层，理顺之间的叠压与承接关系；发掘出各朝代的作坊遗址上百组、烧制窑炉上百座；出土逾以百万的各种陶瓷器标本，其中可复原器物有数万件……这是迄今为止，我国最大规模的古瓷窑遗址考古发掘，也是古瓷窑址中出土文物最多、延续时间最长、所见遗迹遗物最为完整且传承脉络有序的考古发掘。这几次的考古工作，全面系统地揭示出从唐代至明代，耀州窑黄堡中心窑场 800 多年的发展史。

　　除了黄堡镇以外，铜川市在境内其他地方也发现了不同时期的耀州窑遗址。印台区的玉华村位于风景秀丽、沟壑幽深的唐代玉华宫遗址旁边，这里曾是唐朝帝王的避暑行宫，后来改为佛寺，成为佛学大师玄奘的译经之处。当代的学者们从来没有想到，这里也存有耀州窑的遗址，因为从无文献记载。1974 年，陕西省考古所和铜川文化馆在这里发现了宋元窑址，定名"耀州窑玉华窑址"。此次发掘面积有 460 平方米，出土瓷片和窑具 2 万多件（片），发现宋元窑炉 5 座，其中一座为元代的母子炉。

　　此后，考古工作者陆续在黄堡镇周边的上店村、立地坡村和陈炉镇等地，发现了多处耀州窑遗址。出土的金代青瓷标本器型多样，做工精细，釉色细腻。它们印证了耀州瓷唐代在黄堡创烧之后，随着黄堡一带烧瓷成本的加大，耀州窑烧造中心逐步东移，宋金时期已扩展到以上三地，明代已由黄堡窑场转移至陈炉地区的历史。纵观整个耀州窑的发展历程，可以说薪火相传，承接有序，烧造史延续了 1400 年之久，是中国陶瓷生产史上的一大奇迹。

　　经历半个世纪的耀州窑考古发掘，硕果累累，成绩斐然。1988 年窑址被国务院公布为第三批全国重点文物保护单位；1994 年窑址的考古发掘与研究项目，荣获了中国首届田野考古奖；2001 年耀州窑遗址被《考古》杂志列入 20 世纪中国百大考古发现。

"漆水藏宝千百载，云散天青献盛世。"耀州窑遗址区南北长约5千米，东西宽约2千米，区内先后建立起"耀州窑遗址""唐三彩遗址"两座保护大厅，并于1994年5月建成耀州窑博物馆。这座我国规模最大的古陶瓷遗址专题博物馆，共分15个区域，其中文物展厅9个，共展出耀州窑各时代珍贵文物、作坊具、窑具1210多件。博物馆全面展示了耀州窑从唐、五代、北宋、金、元、明、清至今，漫长的连续烧瓷历史以及文化艺术的辉煌成就。耀州窑博物馆现为国家二级博物馆，国家AAA级旅游景区，并被定为省级爱国主义教育基地。

封侯故事

碑刻是石头上的历史，历史是记忆的生命。古代碑刻承载了丰富的社会信息，是我国传统文化的重要组成部分，在很大程度上补充着史书的不足。《德应侯碑》就是其中一例，它的出现为人们了解宋代陶瓷文化提供了新的视角。

红墙、绿树、竹林、轩窗……位于古都西安三学街的西安碑林博物馆，隐于闹市之中，清安一隅。这里静谧清雅，宛若一座城市中的桃花源。这里是文人墨客心中的圣地，他们在此或低首默读一方方历代的碑石墓志，或举头欣赏神形各异的石刻造像。风中窸窣的树叶声、夏末秋初的阵阵蝉鸣，让游客愈发感到碑林文化的古朴纯实，历史足迹的漫长弥久。

碑石不语，却藏万言，它们无不记录着一段段耐人寻味的历史。珍藏在馆中第三展厅西南角的北宋《德应侯碑》，是我国迄今发现最早的一块记载中国陶瓷发展史的碑石。它较为全面地记述了宋代耀州瓷的工艺水平和技术成就，反映出宋代城镇手工业的发达；同时记述了宋神宗敕封黄堡

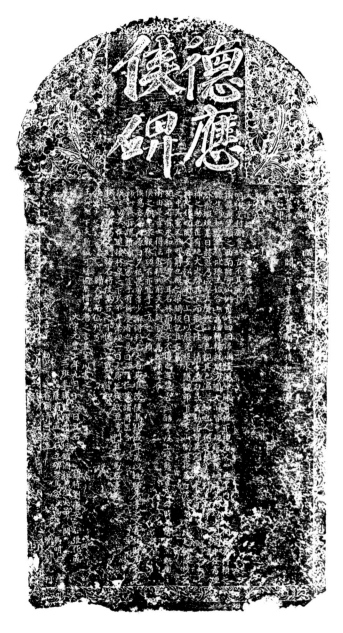

北宋《德应侯碑》拓片

（选自陕西省考古研究所整理、中国科学院考古研究所编辑、科学出版社 1965 年出版的中国田野考古
报告集考古学专刊丁种第十六号《陕西铜川耀州窑》）

的土山神为"德应侯"（后世称为窑神）的经历。《德应侯》碑被陶瓷业界称为"天下第一碑"，其拓片陈列在中国国家博物馆。

这块石碑的发现，可谓石破天惊，震动陶瓷学界，为人们了解耀州窑历史、中国陶瓷文化，又打开一扇窗扉。

《德应侯》碑发现于 20 世纪 50 年代中期，之所以能够被发现，缘于陈万里、冯先铭等人的慧眼识宝。

陈万里是享誉世界的古陶瓷专家、北京故宫博物院研究员。他采用排比研究方法，开辟了瓷器考古的新思路，为我国现代陶瓷学研究奠定了科学基础，被誉为我国"古陶瓷考古之父"。

冯先铭是北京故宫博物院研究员，曾任中国古陶瓷研究会会长等职，被国内外陶瓷界誉为"中国古陶瓷研究第一知名学者""亚洲乃至世界难得的陶瓷专家之一"。

当时，基于两个主要原因，促成了陈、冯两位先生从北京远赴耀州窑遗址考察。

第一个原因是，20 世纪 40 年代，民国政府先后修筑了咸（阳）榆（林）公路和咸（阳）同（官）铁路。由于两条道路都穿越了耀州窑遗址区，在铺路修堤等施工建设中破坏了部分遗址地层，出土了不少耀州瓷器皿。一些古董商闻风而至，但是当地政府不知这些文物的价值，使得不少器物外流，大部分流入北京、上海等地，还有部分流落海外，引起了外界极大的关注。据民国版《同官县志》记载，所出土的器物"近年颇为中外人士所珍视，竟有囊巨资来斯地以重值觅购者。"然而，由于黄堡窑场停产已久，当时的多数学者将其误认为其他窑口的产品。也有一些学者不相信这种见解，新中国成立后，就想要实地调查，去伪存真，寻找这些文物的来历和根源。

另一原因是，1951年北京故宫博物院的专家到河南省修武县调查当地的宋代当阳峪窑时，发现有一座供奉窑神的古庙。庙内有一通石碑，是北宋崇宁四年（1105）的《德应侯百灵翁之庙记》碑。据碑文记载，当阳峪窑工曾经远赴黄堡镇，将窑神庙里的神像绘制下来，以其为蓝本，回来后建庙塑像祭祀。主持调查的陈万里据此断定，黄堡镇应有供奉窑神的庙宇，由此引发了他前往调查的念头。

1954年，陈万里、冯先铭一行来到黄堡镇。他们在漆水河畔捡到一些瓷片，这些瓷片与北京广安门出土的青瓷制胎、釉色、造型和工艺手法基本相同，只是没有龙凤纹。与民国修路时流转至京沪的瓷器相较，并无多大差别。但当问及窑神庙时，当地人都摇头说不知。他们沿着漆水河畔的咸榆公路继续调查，来到黄堡高级小学（今铜川市第四中学）院内，发现里面有一座破庙，里面供奉的是东岳泰山大帝。

他们心中嘀咕：难道当阳峪窑神庙碑文有误，历史上本地压根就没有窑神庙？

他们在校园里徘徊着，目光不放过每一个角落。日落西山，夕照如火，下课铃声响起，师生纷纷涌向食堂……一行人失望地准备离开时，其中一人无意瞥了厨房一眼，厨房门旁有一通横放着的石碑，几个学生正在将其当作饭桌吃饭。他们抱着最后一点希望，擦拭去碑身的饭垢和油渍，再仔细查看，碑额上四个苍劲楷书大字赫然在目——"德应侯碑"！这就是他们苦苦寻觅的黄堡窑神庙碑。

什么是窑神呢？就是古代陶瓷界崇拜的行业神，也就是保护神。当时，窑工在采取陶土、烧造瓷器前，要供奉当地的山神和土地神，虔诚祷告，希望得到保佑——产品质量上乘，诸事顺利。久而久之，山神土地（合称土山神）就变成了窑神。

北宋熙宁七年（1074），神宗赵顼下诏："应天下祠庙祈祷灵验，未有爵号者，并以名闻，当议特加礼命"。当时，耀州瓷已经声誉远扬，是北方青瓷中的翘楚，是给皇室的贡品。基本形成了以黄堡中心，一个自北而南范围广泛的耀州窑体系，囊括了河南宜阳窑、宝丰窑、新安城关窑，广东西村窑，广西永福窑、内乡大窑店窑等窑场。时任耀州太守的阎充国，很重视黄堡"十里窑场"的发展，知道其在全国制瓷业所居地位和重要性。他按照朝廷旨意，上奏了一封折子，请朝廷赐予黄堡窑神爵位。不久朝廷下旨，册封黄堡窑神为"德应侯"。10年之后，当地人镌刻了《德应侯碑》，以纪念此事。

德应侯碑，圆首方座，高2.01米，宽0.62米，文27行，585字，楷书，碑座及碑身左右边缘饰藤蔓花纹。立于北宋元丰七年（1084）九月十八日，张隆撰文，刘元刻碑，出资立碑人为马化成及其三个儿子。

碑文大致讲述了以下内容：

受封起因：贤侯上章，天子下诏。黄书布渥，明神受封。庙食终古，不其盛哉！

窑场环境：附于山树，青峰四回，绿水傍泻，草木奇怪。

对民生影响：以陶器为利，赖之谋生。

陶瓷质量：巧如范金，精比琢玉。

制坯过程：始合土为坯，转轮就制，方圆大小，皆中规矩。

烧窑流程：然后纳诸窑，灼以火。烈焰中发，青烟外飞，煅炼累日，赫然乃成。

器声釉色：击其声，铿锵如也；视其色，温温如也。

窑神护佑：人犹是赖之为利，岂不归于神之助也……皆莫究其所来，必曰神之化也。

神秘之处：陶人居多沿长河之上，日以废瓷投水，随波而下，至于山侧，悉化为白泥，殊无毫发之余，混沙石之中，其灵又不可穷也。

技艺渊源：柏翁者，晋永和中有寿人耳，名林……乃与时人传火窑甄陶之术。由是匠士得法，愈精于前矣。

感思柏林：民到于今为立祠堂，在侯之庙中，永报休功，不亦宜乎！

感恩德应侯：一方之人，赖侯为衣食之源，日夕敬畏，曾无少懈。

介绍马化成：得利尤大者，其惟茂陵马化成耳！岁以牲豚荐享之，又喜施财为之完饰。此真所谓积善之家，宜乎有余庆者也。《易》曰："显诸仁，藏诸用"，正合侯之功矣。

最后，讲述写碑文和立碑的过程。

需要说明是：柏林为德应侯庙里的陪祀者，人称"陶祖"，是东晋越窑一位神奇的陶瓷大师。陕西叫"柏林"，河南、山西一带叫"百灵"。他被北方多处窑场尊为窑神。

茂陵人马化成是当地耀州瓷生产的最大受益者。他每年都要敬仰神灵、祭祀山神，日常乐善好施、救济穷人，并为这次立碑出资捐款。常言道，经常做好事、善事的家庭，必会给子孙带来德泽。马化成积善行德的行为，也必定福荫后代，恩泽永存。《易经》讲，阴阳之道能够显现为仁德，但是却潜藏在日常生活当中不易被察觉。马化成平时低调行事，润泽乡里，他的功德与德应侯的伟绩不谋而合。

1974 年，此碑运往西安碑林博物馆收藏。遗憾的是，在运输过程中石碑斜断两截。后来碑身虽接缝固定，但隐约可见断裂纹痕。

敕封的黄堡德应侯窑神庙，其影响力巨大。河南修武、汤阴、鹤壁，山西介休、榆次等窑场，纷纷派人到耀州窑学习，回来后仿照耀州窑样式修建窑神庙，供奉德应侯或柏林等先贤，祈求神灵保佑窑场。在其后的陈炉等陶瓷生产地，也都建有窑神庙。

关于窑神庙的来历与变迁，明嘉靖三十六年（1557）刊本《耀州志·地理志》记载："黄堡在金时尤为重镇，《地理志》载焉。镇故有陶场，居人建紫极宫，祀其土神。"由此可以推测出来，唐代黄堡紫极宫，祭祀的是道家的圣人李耳。北宋时期，黄堡沿河十里尽是陶场，家家户户以制瓷为业，陶瓷业日益兴盛发达。随着前往庙宇许愿、还愿的窑工增多，圣人化为土山神，紫极宫变为窑神庙。人们在此祭拜窑神，淡忘了原来的主人。当时庙宇大殿内还塑有柏林像，与德应侯共享人间香火。后来，耀州窑中心北移陈炉，黄堡制瓷业逐步没落，窑神庙又变成了东岳庙，殿内供奉着主宰幽冥世界、主管人间生死的泰山神东岳大帝。

岁月不居，时节如流。如今窑神庙的原貌已荡然无存，原址上红柱石阶、青砖黛瓦的仿古连廊，庙址周围遗留的刻花柱础、残碑断碣、虬髯古树，让人们触景生情，不由遐想逝去的辉煌，感慨世事茫茫，山川历历，不禁凭栏久思。

耀瓷档案

瓷器源于生活，盛于贸易，衍于文化，进而影响世界，成为传递中华文明的关键。耀州窑在千百年的时代沉浮中几经变幻，无论是它的青瓷还是白瓷、三彩还是素色，都在水、泥和火的磨合中渗透着文化和美学的传承。

在自然界，青色代表着天空大海，是大自然的生命色。东汉《说文解字》中认为是青为"东方色"，代指东方或春天。人们对青色情有独钟，诗仙李白号称"青莲居士"，古人常用"青云"蕴含登科之意，今人多用"青松"代表意志坚定。人们认为青色只此一色，象征"晶莹清澈、温润敦厚"的高尚人品，可以陶冶心境。

青瓷似天然美玉，其精光内蕴、浑然天成的神韵，与国人"敬天尚青"的情结不谋而合。青瓷逐渐沉淀并形成了独特的青瓷文化，也成了历代人们争相收藏阁中、题诗赞美和记录史册的瓷中宝物。在文人雅士的手里或笔下，精美的青瓷是一件件的生灵，也是文人"物我两忘，心我化一"的精神写照。

耀州瓷是北方青瓷的代表，北宋时与定、汝、官、哥、钧五大名窑齐名，并以"巧如范金、精比琢玉"名扬天下，古今众多名人对其颇有记载和认知。

唐朝

陆羽，字鸿渐，号竟陵子，复州竟陵（今湖北天门）人，被誉为"茶圣"，有"茶山御史"之称。他一生嗜茶，熟悉茶树栽培、育种和茶叶加工技术，并擅长品茗。760年，陆羽隐居苕溪（今浙江吴兴）著成《茶经》，使茶成为一门独立的学问，对世界茶文化产生了深刻影响。他精于茶道，对盛茶器皿多有研究，最钟爱青瓷器皿。他在《茶经·四之器》写道："碗，越州上，鼎州次，婺州次，岳州次，寿州、洪州次。或者以邢州处越州上，殊为不然。"目前，陆羽所指的烧制茶碗的瓷窑，已有七处被陆续发现，唯独排列"榜眼"鼎州窑的实际发现地与古籍记载地不相符合，有所争议。

依据陆羽生活的时间推测，鼎州应是设置于武后天授二年（691），辖境相当于今泾阳、礼泉、三原3县，治所在云阳，即今泾阳县云阳镇。但是目前在泾阳境内并未发现符合史书记载的古瓷窑址。这种情况与耀州瓷之名的来源，颇有相似之处。耀州自西汉建县始，历代为州、郡治所驻地，长期管辖同官等地。加之，同官县黄堡镇所产瓷器多南运耀州销售，外地客商自然而然地称呼此瓷器为耀州瓷。同样，泾阳境内拥有泾河水系，地处交通要道，贸易兴盛，大量瓷器常汇集在此销售，故采购客商多以耀州窑瓷器的销售地为名称之为"鼎州瓷"。

近年来，通过考古挖掘发现，鼎州窑位于今富平县东北部的银沟，即银沟遗址。这里发现了古窑炉、灰坑、原料堆，以及青、白、青白和黑色瓷器标本。古代富平地域曾多次隶属于耀州，因而，有学者认为鼎州窑、耀州窑同属一地，阡陌相连且工艺相似，两者有着传承关系。

在笔者看来，鼎州窑不是独立的窑场，而是耀州窑的一处窑址。两者关系就如玉华窑是耀州窑的一部分。

北宋

陶穀（gǔ），字秀实，邠州新平人（今陕西彬州市）。他本姓唐，是唐代诗人唐彦谦之孙，避石敬瑭之名讳而改陶氏，著有《清异录》二卷。《清异录》共三十七门，每门分若干条，是一部记录琐碎事项的笔记书籍。其卷下《器具》中记载："小海瓯，耀州陶匠创造一等平底深碗，状简古，号小海瓯"。卷下《酒浆》又记载："雍都，酒海也。梁奉常和泉病于甘，刘拾遗玉露春病于辛，皇甫别驾庆云春病于酽，光禄大夫致仕韦炳取三家酒，搅合澄窖饮之，遂为雍都第一，名'瓷宫集大成'。瓷宫，谓耀州青榼"。和泉、玉露春、庆云春为当时的酒名，榼是古代盛酒或贮水的器具。宝鸡产的酒各有特点，梁奉常酿造"和泉"口味发甜，刘拾遗所酿"玉露春"入口辛辣，皇甫别驾酿制"庆云春"过于黏稠。曾任光禄大夫的韦炳，将三家酒搅拌合一，储存窖中，再次取出饮用时，酒质互补，清纯适口，缺点全无。这款调和酒很快成为宝鸡地区的第一好酒，人们称其为"瓷宫集

耀州窑五代天青釉盏、盏托

大成"。该段话很有意思，一则，这或许是我国记录最早的调和酒的技法；二则，宋时选择用耀州窑瓷器盛放名酒，如今宝鸡产酒多用铜川耀州瓷来瓶装，如此看来，古来有之。

《清异录》这两条记载透露出三点信息：一是残唐五代，北方连续的兵燹战乱，对耀州窑发展有一定的制约，但没有影响其朝阳向上的态势；二是北宋初年，耀州窑产品工艺已达到较高水平，所烧制精美的"小海瓯"等器具，博得士大夫阶层的垂青和喜爱；三是耀州窑烧造的器皿，已是北方知名产品，如"瓷宫集大成"，好酒也要搭配好瓷。

当代考古发掘发现，耀州窑五代时期出土的青釉塑海棠杯、青釉葵口盘、青釉葵瓣口碗等珍贵文物，造型秀丽，釉色匀净，印证了《清异录》记载的真实性。

南宋

陆游，字务观，号放翁，越州山阴（今浙江绍兴）人，著有《老学庵笔记》等。《老学庵笔记》中提道："耀州出青瓷器，谓之越器，似以其类余姚县秘色也。然极粗朴不佳，惟食肆以其耐久，多用之。"大意是，耀州窑仿越窑的秘色瓷，釉色造型较差，粗笨厚实，故饭店食肆中常用。

陆游笔下的耀州瓷为何如此粗糙不堪呢？可能是陆游自幼在江浙生活，他所见的耀州瓷不是精品，而是先前北宋流入南方的民用普品。当时南宋与金廷长期隔江对峙，战事不断，各种商品难以顺畅贸易流通。金朝接管耀州窑，为宫廷烧制高等级的瓷器，绝少有佳品流入南方。南宋转而发展浙江龙泉窑，促其进入鼎盛时期，从此青瓷进入"南有龙泉瓷、北有耀州瓷"的新时代。

这个看法，可从南宋文人叶所真《坦斋笔衡》一段记载得到旁证："本朝以定州白磁器有芒不堪用，遂命汝州造青窑器。故河北、唐、邓、耀州悉有之，汝窑为魁。江南则处州龙泉县窑，质颇粗厚。政和间，京师自置窑烧造，名曰官窑。"意思是说，北宋朝皇家曾选用过定州白瓷器，可是器口有针芒状，不好使用，遂命汝州烧造青窑器。黄河北的唐州、邓州、耀州都已烧造青瓷器，以汝窑青瓷最好。江南处州龙泉县烧制的瓷器品质不高，政和年间（1111—1118），在京师设置窑场烧制青瓷，称其为官窑。笔记表明，北宋末期的政和、宣和年间（1119—1125），汝州、唐州、邓州、耀州、汴京等地，受朝廷指令烧造青（白）瓷，而江南龙泉窑的烧制水平，还处于起步提升阶段。

元代

元代修撰的《宋史》中记载："耀州紧华原郡……崇宁户一十万二千六百六十七户，口三十四万七千五百三十五，贡瓷器。"由此可见，最少在崇宁年间（1102—1106），耀州窑的"贡"，是朝廷下派的生产和供应任务。

陈炉窑明代白地黑花虎纹盆

明代

　　寇慎，字永修，号礼亭，同官县人。万历四十四年（1616）进士，授刑部主事，升工部虞衡司郎中。他晚年回到故乡，支持编写《同官县志》，县志中写到陈炉镇景色："自麓至颠，皆为陶场。土人燃火炼器，弥夜皆明，每值暮夜，远眺之，荧荧然一鳌山也。"从文中可知，明朝末年，陈炉镇已成为耀州窑烧制中心，当地瓷业分工明确，昼夜不休，规模巨大，气势壮丽，夜景成为同官八景之一的"炉山不夜"。

清代

　　沈青崖，字艮思，浙江嘉兴府人。由其主持编纂的雍正《陕西通志》卷四十三《瓷器》，概括了耀州窑瓷器的品种：耀州同官陈炉镇仿越窑生产青瓷，耀州明月山（今属富平）生产白色瓷器。

　　耀州窑广学天下、博采众长，以青瓷而四海知名。它的发展犹如一条长河，跌宕起伏，绵延不绝，造福至今。历代文人墨客所记载的耀州窑史，不仅给我们展示了一座窑口、一种瓷器的演变过程，而且让我们从中窥视到中国陶瓷发展的点滴历程和民族文化传承的浑厚内涵。

三彩之谜

辉煌灿烂的唐朝，是中国封建王朝的巅峰时刻，其政治、经济、文化、艺术和科技的成果往往令后人赞叹不已。有着『事死如事生』习俗的中国人，在唐代创烧出大量精美的唐三彩，耀州窑就是其重要的产地之一。

"忆昔开元全盛日，小邑犹藏万家室。稻米流脂粟米白，公私仓廪俱丰实。九州道路无豺虎，远行不劳吉日出。……"诗圣杜甫这首《忆昔》，道不尽对大唐鼎盛时期的思念之情。那时国家统一，社会安定，各行业蓬勃发展。陶瓷业在承袭汉魏六朝成就的基础上，大放光彩，大河上下、长江南北出现了一批批名窑。各地技艺频繁交流，使产品质量空前提高。尤其是陆上丝绸之路的延伸和海上丝绸之路的兴起，使对外贸易量剧增，市场上对瓷器的需求不断增加，促进陶瓷业进入了空前繁荣的时期。耀州窑正是在此背景下应运而生的。窑工们来到漆水之滨，拉坯盘筑，点燃炉火，创烧瓷器，推开了耀州窑千年制瓷之门。

耀州窑唐三彩骑马女俑

关中平原的中心城市西安，是十三朝古都，八水环绕，文物古迹众多。今天的人们扎堆在高峻的钟楼旁、雄伟的城墙下，侃大山，谈往事。谈到秦朝，必定是兵马俑、阿房宫、十二铜人；讲到汉朝，肯定是未央宫、汉瓦当、汉画像石；说及唐朝当然是大雁塔、大明宫……还有著名的唐三彩！大唐，这是一个充满活力、富有创造力的时代，而唐三彩正是这个恢宏时代最蕴含激情、最具有想象力的艺术产品。

三彩，是流行于唐代极盛时期的陪葬明器。这是一种低温釉陶器，常见的釉色有黄、绿、褐、蓝、黑、白等。其名称的来源，有人认为黄、绿、褐三种釉彩为基本色，故称之为"三彩"；还有人说古文中的"三"指众多或多样，三彩意指多姿多彩。唐代厚葬风气兴盛，随葬明器需要量激增，从而推动了三彩陶器烧制业的发展。但是在天宝十四年（755）爆发了"安史之乱"之后，唐朝国力骤降，三彩制作数量逐渐减少，到了宋朝便销声匿迹了。

纵观历代的各种釉陶瓷，绝大多数器物上的釉色之间泾渭分明，唐三彩却属于特立独行者。它釉面像是一场大雨倾泻下的莲池，菡萏舞动，水花飞溅，雾气升腾。物与物之际若隐若现，色与色相互水乳交融，天地间也变得一片迷蒙。浓墨重彩之下的唐三彩，这种肆意洒脱、变幻不定的风格，缘于它的胎料和釉料。胎料为白色黏土，釉料中含有大量的助熔剂铅，促使釉的熔点降低。白色胎体表面的釉料在焙烧过程中向四周扩散流淌，各种颜色互相浸润交融，形成了自然流畅而又斑驳瑰丽的三彩。

　　唐三彩最早现身的地方是河南省。与耀州瓷的发现历程如出一辙，都得益于陇海铁路的修建。洛阳民间有谚云："生居苏杭，死葬北邙"。位于洛阳的北邙山，自古被视为风水宝地，有东周、东汉、曹魏、西晋、北魏、后唐40多个帝王的陵寝，以及无数王侯将相的墓穴。1905年，陇海铁路修建至北邙山路段时，发掘了多处唐代墓葬，出土了一批三彩陶器，这是

洛阳唐三彩胡人骆驼俑

唐三彩的首次面世。这批器物运到北京古玩市场后，却受到冷遇，无人问津。直到国学大师王国维、罗振玉鉴定后，才开始受人追捧。一时蜚声中外，外商也纷至沓来，出重金购买。旋即，唐三彩成为盛唐文化的一种象征，被视为中华艺术瑰宝。

1957 年，河南巩县（今巩义市）又发现了生产三彩的窑炉和大量三彩实物，如陶俑、三足炉、骆驼等。经过科学化验，得知其元素成分同北邙山出土的三彩完全一致，从而找到了洛阳唐三彩的"娘家"。

西安在洛阳之后，也出土了不少三彩器物，可称长安唐三彩。专家们

耀州窑唐三彩窑址出土蹲狮坯件

本来认为，长安唐三彩是从巩县运过来的，但经过仔细研究后，发现长安唐三彩另有特色。

长安唐三彩相比巩县唐三彩有 3 个显著特点：一是没有蓝彩；二是釉彩装饰上没有手指印般的白色斑点；三是彩胎多呈粉红色而不是巩县的白色。单从这就可看出长安、洛阳两地的三彩，绝非一个生产源头。另外，西安地区出土的三彩陶器、陶塑的整体数量多于洛阳，但古代远距离搬运易碎的大型陶塑，想必困难重重。种种迹象表明，在西安附近应有烧制三彩的窑场。

耀州窑唐三彩窑址出土泥坯件

　　这样一来，一个问题有了答案，一个疑问又冒出来了，长安唐三彩的"娘家"在何处？

　　1984年冬天，黄堡镇雪花始降，漆水河早早结上了浮冰。河岸边，铜川市电瓷厂对面，是一处古代陶瓷产地的遗址。一群考古工作者穿着棉衣，戴着棉帽，嘴里哈着白气，在铲除遗址上的淤泥。当工作完毕后，一座被封存千年之久的唐三彩窑场出现在人们眼前。这里有操作作坊、窑炉和上千件的三彩陶器，还出土了大量生产工具。一眼阅千年，千年宛如初。当年滔滔洪水瞬间涌入窑场，从此这里被凝固定格。这些淤泥下原封不动，

保存完好的实物，佐证了长安唐三彩的"娘家"在黄堡。耀州窑是继河南巩县之后，我国发现的第二处唐代烧制三彩的窑址。

耀州窑唐三彩遗址中发现的1组作坊、3座焙烧马蹄形窑炉和2座试烧小炉和大量的实物，真实生动地再现了唐人组织三彩生产的序列、分工和烧造工艺技术。

作坊由7座毗邻的窑洞组成，沿河岸一字排开，依次有陶工居室、制坯作坊、半成品、产品库房等。陶工居室较为简陋，遗留有石块砌成的火炕和烧水煮饭的灶台。制坯作坊面积最大，大约有45平方米，半地穴式，

耀州窑唐三彩结鞍帕鞍马

地上有一层厚厚的坩泥踩踏面，这说明作坊经营时间较久，是一座制陶老字号。作坊西壁下安装有拉坯用的木质转轮，旁边有操作时坐的石凳，待拉坯的坩泥团、卷，以及制成型的坯件。室后堆放着已成型待烧的碗、盆、烛台等坯件。

3座焙烧马蹄形窑炉砌筑在作坊顶部的崖背上，由窑门、燃烧室、窑床、烟囱4部分构成。窑床用耐火砖平铺，其上用石英沙粒作介质层，防止焙烧时器物粘死在窑床上。在床内三角垫器支架上，发现滴有三彩的釉迹。燃烧室在窑床正前，凹于地下，里面有未燃尽的柴灰。

2座三彩釉的试烧窑，面积不大，不怎么起眼。发掘时在窑门前的柴灰上发现滴有很多三彩釉，窑内耐火砖上还凝结有釉料、釉子，行内称作"窑汗"。据此分析，这是试烧三彩釉的2个小窑，它的作用类似现代企业的研发实验室或试生产车间。

唐三彩制作的基本过程是：首先将开采来的矿土经过挑选、舂捣、淘洗、沉淀和晾干后，用模具或手工做成泥胎，放入1050摄氏度左右的窑炉中烧制。在窑内焙烧过的素胎经过冷却，施以配制好的不同釉料，投入900摄氏度上下的窑炉里低温再烧，出炉便为成品。

耀州窑博物馆收藏的唐三彩品种造型，既有生活器皿、宗教用器、建筑材料，还有各种动物和人物。人物包括仕女、文官、武士、天王，还有深目高鼻的外域友人，以及人首兽身的镇墓兽，可谓天上地下，包罗万象，应有尽有，其中不乏传世精品。

耀州窑唐三彩犀座枕

　　20世纪80年代初，在铜川电瓷厂出土了一件三彩犀座枕。此枕造型别致，架构严谨，富有想象，形象逼真。在长方形底座上，一头体肥笨拙的犀牛卧于其上，背驮一花叶形枕面，枕面两端上翘，中间内凹。犀牛突眼大鼻，嘴角伸出两颗长齿，头顶有一犀角，全身刻鳞纹。古代我国曾产犀牛，叫作"兕"（sì），唐代时已绝迹。唐代元稹在《驯犀》中写道："贞元之岁贡驯犀，上林置圈官司养。"藩属国把犀牛作为珍禽异兽献于中原，朝廷在上林苑专门设圈官方饲养。这件宝物通体施黄、绿、褐三彩，釉色熔融，釉面莹润光亮，器形端庄瑰丽，色彩绚丽，是唐三彩中难得的艺术佳品。

　　唐人除乘马车外，亦习用牛车，因此，古代艺术造型中牛车的形象多有呈现。耀州窑博物馆内珍藏了一件三彩牛车模型，做工精致，车体设计精巧，由车篷、车厢、车辕、车衡、车轮等组成。车篷为卷棚式，前后两端上翘，周边及栅上有五道加固条，条饰上饰有铆钉。车厢方形，厢前和车门有棂窗，双轮上毂、牙、辐俱全。车模型的色釉以赭、黄、绿为主，浓淡相宜，恰如其分。千年前的彩釉，至今色彩仍自然协调。

　　中国建筑的构件千变万化，门类林林总总，关乎技术，也关乎艺术。在耀州窑出土的诸多唐三彩中，有一件罕见的三彩龙头套饰，具有很高的艺术价值。龙头长 23.2 厘米，宽 14 厘米，高 18.4 厘米，工艺采用贴、塑、

耀州窑唐三彩龙首构建

雕、镂、刻、划等装饰手法，生动地塑造了突目、凝眉、挑吻、擦牙、飘须、含珠的龙首形象。龙头施棕、黄、绿三色彩釉，釉色明亮瑰丽，气韵华贵雍容。龙头后部长方形中空，形似卵眼，左右两端有穿孔。它用途是装饰在宫殿伸出来的挑檐前部，避免木质构建因风吹雨淋而腐朽；同时神圣威严的"龙"形象，也为建筑物增添了几分巍峨气魄和富丽堂皇。耀州窑址还出土了不少琉璃瓦，以绿色为多，有板瓦和筒瓦两种，均以瓷土为胎。

关中为唐代京畿之地，行宫别馆星罗棋布。铜川地区及其周边就建有玉华宫（今宜君）、永安宫（今耀州区）、兴德宫（今大荔）、庆善宫（今武功）、龙跃宫（今高陵）等多个宫廷建筑。耀州窑出土的三彩龙头套饰、琉璃瓦，证实了这里曾是烧造宫廷建材的重要场所。

王权兴衰，朝代更迭，曾经辉煌巍峨的宫阙楼台，如今已经灰飞烟灭，

消失在历史中。所幸，在漆水河的怀抱中，耀州窑唐三彩遗址得以完整保留。它们瑰丽的色彩、生动的造型，极富生活气息。让我们透过展厅的灯光，仿佛看到了千百年前，大唐社会两颊饱满的侍女、赤髯碧眼的粟特人和威风凛凛的战马，聆听到了"丝绸之路"上的驼铃声……

知白守黑

黑和白，色彩中最没有感情的颜色，却往往能表现出极致的美感。在中国古代，人们也发现黑白两色最能体现含蓄的情感。因此，水墨画、围棋、太极乃至瓷器，都用黑白两色把美学、哲学和生活结合起来，寓意深远。

有人说，黑和白色是最美的颜色，我很认同。只有它们，融入那多彩的世界里，反而会孕育出缤纷的绮丽来。在我国历史文化的长河中，从8000年前的黑陶，到书法、围棋、水墨画、黑瓦白墙的传统建筑，以黑白为主调的文化符号随处可见，可以说，黑白二色在无形之中造就了中华传统文化中的特色。

如果说唐代耀州窑是一个舞台，那么雄浑大气、绚丽璀璨，有着帝王气质的三彩陶器必定是其中名声赫赫的主角，而这台大戏的舞台背景——那一帘帘朴素的帷幕，便是黑瓷和白瓷。

耀州窑自唐初，就开始大量烧造黑、白瓷；中唐以后，青瓷日渐增多；

到五代、宋金时，青瓷的烧造占据主导地位；元代以后，随着青瓷衰落，黑瓷又成为重要产品，并历经明、清、民国，延续至今，深受百姓喜爱。

黑瓷的历史久远悠长。据考古发现，战国时期我国南方出土的个别原始瓷器的釉层为褐黑色或暗褐色。东汉时浙江上虞、宁波、慈溪、永嘉等地窑场产出的黑瓷，已有相当高的工艺水平。到东晋时，我国南方的黑瓷技术趋于成熟，达到纯正的黑色。尤其以黑瓷闻名的浙北德清窑，所烧制的黑瓷鸡头壶、盘口四系壶、四系罐等作品造型规整，胎体明显变细，釉层细腻明亮，可以说已经进入了艺术瓷的领域。南北朝后期，北方地区也烧出了黑瓷，但釉层较厚，且多为褐黑色或茶褐色。北方黑瓷虽比南方地区晚发展300多年，但在一段历史时期也成为黑瓷艺术的中心。

白瓷的发展起步较迟。东汉时有了早期白瓷，北齐所产的白瓷工艺水平有了较大进步，时至隋代才出现真正成熟的白瓷。白瓷的烧制成功标志着我国制瓷工艺整体的进步，并为元、明、清彩瓷的出现奠定了基础。邢窑是白瓷的代表窑场，现存遗址位于太行山东麓丘陵和平原地带，即河北省邢台市辖内丘、临城两县。据考证，邢窑始于北朝，唐时为制瓷业七大名窑之一，也是我国北方最早烧制白瓷的窑场。唐代翰林学士李肇在《国史补》里写道："内丘白瓷瓯、端溪紫石砚，天下无贵贱通用之"。邢窑白瓷产品的出现，改变了中国一向以青瓷为主的局面，结束了自魏晋以来青瓷一统天下的局面。唐开元时，越、邢二窑，一青一白，称"南青北白"，形成了并驾齐驱、相互争妍的两大体系。为此，唐代陆羽在《茶经》中称赞道："邢瓷类银，越瓷类玉，邢瓷类雪，越瓷类冰，邢瓷白而茶色丹，越瓷青而茶色绿。"

早期我国的瓷器，全部属于青釉系统。那么黑瓷、白瓷是如何从中游离出来，更换了"肤色"的呢？原因其实很简单，它取决于胎釉中含铁量的多少。

凡制瓷原料都含有一定量的铁成分，含铁的坯釉经过还原焰烧制，便呈现各种深浅不同的色调。通常来说，胎釉中含铁量在 1% 以下，就烧出白瓷；2% 左右便烧成广义上的青瓷；4% 左右则呈现褐色，明清称之为酱釉或紫金釉；6% 至 8% 左右，釉层再厚一点，胎体再黑一点，那就是黑瓷。

唐代黑瓷、青瓷与白瓷，三大系列并行发展。人们常用"南青北白"简单地概括当时南北方的瓷器生产，黑釉瓷往往被有意无意地忽视了。

中华传统文化中，黑、白、青（这里指蓝）、赤和黄被视为"正色"。唐代文学家孔颖达曾说："五色谓青、赤、黄、白、黑，据五方也。"古代中国前期每个王权都要选择一种颜色作为本朝的"正色"。比如，夏后氏尚黑，殷商人尚白。秦始皇吞并天下时，就定黑为吉色，所用朝服、旗幡全为黑。时至隋唐宋都有不同程度的尚黑。除了黑这个词，还有"玄、墨、皂、乌、冥、黟、黛、黯……"可形容不同级别质感的黑。古代王朝崇拜敬仰黑色，便给予它一种符号特性——代表统治下的肃然、威严。正是这股尚黑潜意识的延续，加之黑瓷釉面滋润、熠熠生辉，可与漆器相媲美，因此深受社会各阶层的喜爱。

唐代耀州窑的黑釉瓷标本出土量大，而且品种、造型也很丰富，可以说这个阶段是耀州瓷黑釉生产的鼎盛期。整个唐代，耀州窑除生产纯黑釉瓷器品种外，还兼收博采，推陈纳新，创烧出多个黑瓷新品种。这些瓷器釉色绀黑凝重、光可鉴人，造型浑圆饱满，质地坚固耐用，畅销今甘、川、豫、晋等地。

纯黑釉瓷：胎色多深灰，胎质细腻，釉层肥厚，外壁施釉多不及底，釉色乌黑浓重，润黑深邃，有油亮润泽感，造型奇特，富有创意，装饰以模印贴花最为突出。

代表作品：黑釉贴花执壶，高 20.3 厘米，口径 9.7 厘米，底径 10 厘米。圆唇，侈口，圈沿，短颈，圆肩，肩侧有龙头形短流，另侧有双泥条扁圆曲柄，圆腹，饼足。胎灰色，质略粗。壶流下方模印贴饰兽面纹，柄与流之间的两侧肩部各贴饰一朵花卉纹。此执壶唐风浓郁，流部粗短作龙首形，流下有浪花一朵，装饰独特。倾倒液体时，碗、盏中溅起的水花可和壶身浪花虚实相应，匠心别具。

茶叶末釉瓷：因其黄绿、深绿、褐绿的釉面上，密密匝匝的铁、镁结晶，仿佛佳茗细末浮于水面，故而得名。瓷釉呈乳浊状，失透无光，但纯正滋润，古朴雅静。非黑釉中颜色深的叫"酱釉"，比酱釉浅一点偏黄色的叫"茶釉"。

据说，因黑釉瓷器没有烧制成功，釉面发生突变，才偶然形成了茶叶末釉。可见，"有心插花花不开，无心插柳柳成荫"的意外在陶瓷行业也不少见。清末《陶雅》曰："茶叶末，娇而不俗。艳如花，美如玉……以

耀州窑唐代黑釉贴花龙首执壶

此瓶最养目"，文人雅士认为茶叶末釉是一种能沁心养目的釉。耀州窑所烧茶叶末釉瓷要比景德镇窑早千年之久，其产品以最富变化的壶类器为代表。耀州窑茶叶末釉器目前已发现的既有硕大的瓶、壶、罐，又有小巧玲珑的人物、动物等造型。

代表作品1：茶叶末釉注子，高17.6厘米，口径10.8厘米，底径9.1厘米。执壶撇口，短颈，硕腹斜壁，平底。短粗流，曲柄宽扁。施茶叶末釉，近底处无釉，釉层匀净，肥厚而润泽。注子亦称"执壶"，是古代酒器而非茶壶，盛行于唐中期至宋代。

耀州窑唐代茶叶末釉瓜棱腹执壶

代表作品2：茶叶末釉瓜棱腹执壶，高24.6厘米，口径9.4厘米，底径7.9厘米。执壶喇叭口，束颈，丰肩，瓜棱状长腹，下腹内收，底部微外撇，饼足略内凹。肩部一侧有柱状短流，另一侧有条形曲柄。施茶叶末釉，釉色青绿泛黄褐色，施釉近足。灰胎微泛红，质坚硬。

素胎黑花瓷：晚唐时期大量生产此类瓷器，改变了单色黑釉的装饰技法。这种耀州窑的独创技法，先在坯体上一层化妆土作底色，然后入窑素烧。出窑后，用毛笔蘸上黑釉在灰白胎上画出纹样，内容各式各样，其中花卉纹样达500余种。其釉彩黑而光亮，黑白对比强烈，图案装饰风格简洁，如同剪纸，极富地域风情。该类器物贴近生活，实用性强，多为民间使用，因而器型种类丰富。

以色列希伯来大学著名考古学家麦瑞姆教授曾指出，唐代耀州窑的素胎黑花彩绘器物所用彩料和古波斯的陶瓷器虽不同，但纹样和造型完全一致。著名考古专家禚振西也提出，素胎黑花彩绘瓷在中国古陶瓷中由唐代耀州窑独创，是为当时住在长安的胡人专门生产的一种瓷器，唐代以后不再生产。

代表作品：白地黑花碗，高4厘米，口径11.2厘米。敛口圆唇，灰胎弧腹，玉璧形足。黑褐色釉，釉面多眼，夹杂黑点。釉下及器内露胎处施化妆土。内外均半釉，器内绘花叶纹，泛黄褐色。

花釉瓷：创烧于唐代初期，鼎盛于唐中期，唐末逐渐减少，器型有腰鼓、执壶、盆、盂等。其技法是唐代的一大创新，是我国迄今发现最早的高温窑变釉瓷，在陶瓷发展史上占有重要地位。它在黑釉上点绘白、淡蓝、

耀州窑唐代白地黑花碗

淡黄等斑块，器物入窑后，随着炉温升高，彩斑在釉面产生熔散反应，形成花絮状斑纹或斑点。这种釉色犹如天空中随意飘洒的片片白雪或花瓣，自然流淌、形状各异，将深沉单调的底色与明亮多变的彩斑融为一体。器物整体充满了乐趣与想象力，给人以美的享受。20 世纪 80 年代，在陕西曾出土了一件耀州窑产的花釉腰鼓，其鼓形为两头大，中腰纤细，鼓身凸

耀州窑唐代花釉钵

起线纹装饰，整器施黄色釉，饰以月白色大斑点。

代表作品：花釉钵，高 7.4 厘米，口径 10.1 厘米，底径 6.8 厘米。敛口圆腹，宽斜沿，矮圈足，胎色灰，沿下饰一周凸起的锯齿纹，器内沿以下和器外下腹以下露胎，余处施黑釉，黑釉上用白釉点绘不规则斑点状纹，呈白或淡黄色。

黑釉剔花填白彩瓷：亦称镶嵌黑釉瓷，产于晚唐，存世完整器稀少。其加工方法是，先在生坯上加施黑釉，晾干后划出纹饰轮廓，将轮廓中的釉和部分坯胎剔刻掉形成凹槽，然后将白色粉状材料填入剔刻后的凹槽处，再入窑烧制。这种瓷器装饰手段，立体感强，黑白分明，装饰效果很好，对后世宋代高丽国制出的镶嵌填白青瓷，有一定的影响。

代表作品：黑釉剔花填白彩执壶，高20.6厘米，口径6.8厘米，底径5.4厘米。侈口长颈，丰肩深腹，饼足外撇，短嘴曲柄，灰胎质细。内外黑釉，内满釉，外釉及下腹。剔刻填白作装饰，壶上颈部一朵白彩花纹，腹部从上而下排列三组白彩折枝花卉纹。

唐代耀州窑的产品除了黑瓷，还有不少白瓷。

唐代耀州窑出产的白瓷不如邢瓷细腻洁白，却造型古朴，素雅自然，富有民间烟火气息。器物以生活常用品为主，有碗碟瓶盆、坛盏盂罐，还有马牛羊鸡等瓷塑小品。由于当地胎釉料中氧化铁的含量较高，所以其釉色白中泛黄，这是耀

耀州窑唐代黑釉剔花填白彩执壶

耀州窑唐代白釉碗

州窑白瓷的显著特点。

　　代表作品：白釉碗，通高 6.7 厘米，口径 10.6 厘米，底径 6.2 厘米。敛口圆唇，深腹微弧，玉璧形圈足。器施透明白釉，内满釉，外至腹足相接处。釉面光洁细腻，胎质坚硬。

　　黑瓷和白瓷，没有绚丽夺目、镂金错彩的繁缛之美，但呈现出一种"妙超自然""天地动静"之美。黑、白两色，奠定了中国艺术的基石，是最本真、最朴素的色彩。唐代的黑、白瓷，如同不停旋转的两仪，以大本之道，孕育着尚在探索前进的青瓷和即将到来的耀州瓷辉煌时刻。

华丽转身

流水落花。

天上人间，时局动荡、风云变幻的五代十国，是中国历史上的大分裂时代。耀州窑在富丽堂皇、绚丽多彩的唐代之后，华丽地转身，在设备、技术和产品上提升改造，承前启后地创制出典雅精巧的五代青瓷。

　　唐朝灭亡后，中国进入五代十国时期。短短的53年里，中原地区枭雄辈出，更换了5朝14帝。期间发生了许多惊天动地的事，如朱温废唐建大梁，石敬瑭割让幽云十六州，钱镠割据两浙十三州，柴荣西败后蜀、北破辽国……神州大地上处处旌旗蔽空，刀枪如林，百姓流离失所。这是中国历史上至乱至暗的年月，但是耀州窑却在这兵荒马乱中完成了华丽的转身。

　　五代时期耀州窑的遗迹，主要集中在今天的铜川第四中学校园内和耀州窑博物馆对面的半坡上。从出土文物来看，制瓷技艺有了重大革新，烧制品种也有了新的格局，初步形成了以黄堡窑场为中心的耀州窑系。这里不妨套用现代企业生产经营模式，阐述一下当时的革新进程。

调整产品：我们知道，唐代上流社会及文人雅士、道士僧侣都懂茶道、爱茶艺。他们偏爱青瓷制成的茶具，为此常有诗作。譬如，高僧皎然的《饮茶歌诮崔石使君》："素瓷雪色缥沫香，何似诸仙琼蕊浆。"著名诗人陆龟蒙的《秘色越器》："九秋风露越窑开，夺得千峰翠色来。好向中宵盛沆瀣，共嵇中散斗遗杯。"到了五代，此风愈演愈烈，茶客们更加崇尚青瓷。

黄堡一带的瓷土富含氧化铁，制成的白瓷略带姜黄色，虽说达不到白瓷的理想状态，却是烧制青瓷的优质原料。将瓷土拉坯刻花，施釉入炉，表面的釉色经过还原焰焙烧，以及窑内少量一氧化碳的共同作用，釉料中的大部分氧化铁还原成氧化亚铁，釉色从而呈现出纯洁悦目的青色。

在此社会背景下，耀州窑突破唐代"南青北白"的定式思维，及时调整经营策略，扬其长，避其短，凸显品牌效应，打造适销产品。提升核心竞争力，控制产品品种，减少小批量、多品种的生产，下大力气狠抓青瓷主业。力求特色化、高效化和规范化地生产青瓷，并使其逐步占据产线上的主导地位。这一因地制宜的经营方针，让耀州窑一跃而起，或者说一举成名，从名不见经传的窑场，成为历史上的一代名窑。

设备升级：工匠们一方面改造窑炉另一方面改造器具，提高了生产效率。窑炉在唐代原有型制上适当缩小体积，使窑床的长和宽缩短，瓷器受火面积增大，这样有利于窑炉的快速升温。同时由于窑腔减小，窑内负压减弱，也适合采用还原焰烧制瓷器。器具在唐代叠烧的基础改为单件烧。

唐代常用筒状匣钵多件叠烧的方式装烧，大多全器施满釉，特别容易出现器物粘结。五代改叠烧为单件烧，一件器坯装在一个匣钵内入窑煅烧，避免了器物的粘连，降低了废品率。

工艺研发：配釉和施釉上，不断开拓创新。其一是广泛推广护胎釉化妆土，初时用在白瓷上，后在青瓷局部上使用，继而在黑胎青釉下全部使用，增加了青釉的装饰效果；其二是新创出了天青釉、淡天青釉等配方；其三创制出既可在器坯内外施满釉，又可釉裹足的施釉新工艺。

在装烧上采用托珠叠烧、支钉支烧等新方法。托珠叠烧是将多个盘碗类器物叠成一摞装烧，在每个盘、碗之间放几颗扁圆形的泥珠即托珠做垫隔，可增加装烧量，亦可节省制作窑具的时间和原料。支钉支烧是用瓷土捏成"支钉"粘于碗盆的圈足边沿，每件9至12颗，然后把瓷坯放在垫柱上入窑焙烧。这是当时一种极为精细的烧制工艺，对后期北宋的汝窑、官窑等产生了深远影响。

在器型上借鉴唐代金银器的精巧造型，仿制出别具一格的青瓷器皿。其虽无金银的亮丽光泽，但端庄浑朴的造型、纯洁宁静的色泽，可与金银器争辉。唐代耀州窑的碗底多为平底，即直口弧腹的实足碗，又称"玉璧底"，到五代时碗底由宽平状改为高圈状，即为圈足。

技术更新：在瓷器装饰手法上，有"划花""贴花""印花""剔花""镂空"和"捏塑"等方式。划花，在青瓷运用最多，即用竹刀等工具在瓷胎上划出花卉和蔓草等线纹，然后施釉入窑烧制。贴花，先以胎泥为原料，再采用模印或捏塑等方法制成单独的花纹片件，而后用泥浆贴在已做好的瓷坯装饰部位上，其效果独特醒目，立体感强，多见于盏、杯、托盘上面，图案以瑞兽形象居多。耀州窑是最早采用贴花工艺的窑场，南宋和元代时期，其他窑口才出现这种工艺。印花，即用带有花纹的印戳或模子印出花纹。耀州窑的这种工艺虽处在初创阶段，纹饰线条略显呆板，但它为宋代印花青瓷奠定了基础。剔花，是五代耀州窑新创的极有特色的一种装饰手法，因花纹立体感强，也被称为雕花。具体技法是先在坯体上刻画出花纹的轮廓，再将轮廓以外的背衬全部剔除，最后在凸起的花纹轮廓中划出阴线叶脉和花纹。

五代末期，长江以南的越窑、长沙窑是主要窑场，以北的耀州窑、定窑为主要窑场。虽然南北风格、技艺多有不同，但青瓷作为主流品种的陶瓷业新格局已基本形成。

五代岁月不长，是什么原因促使耀州窑发展起来的呢？

战乱，是唯一的答案。

一场战乱成就一座城市的例子，在我国历史上多次上演。清末太平天国运动席卷江浙地区，大量当地居民逃离，迁移至当时唯一的避风港——上海。蜂拥而来的众多人口，带来丰厚的资金和廉价的人力，刺激了上海的大发展，促其成了中国最繁荣的城市。耀州窑的兴起，与上海的发展类似。

五代是继汉末三国之后，中国又一次大规模的军阀混战时期。社会动荡，生灵涂炭，百姓颠沛流离，"丁壮毙于锋刃，老弱委以沟壑"。隐身

耀州窑五代青釉雕花三足盖罐

于渭北群山褶皱之中，远离战争动荡的耀州窑，成为北方各地窑工谋求生计，投亲奔友，安身立命的最佳之处。各方陶瓷高手汇集于此，人才济济一堂，犹如引来一泓活水，从外部给耀州窑注入了新活力，唤醒其内在力量，驱动这片陶瓷热土扬起头颅，打破思想桎梏，胸怀大志，放眼看天下。

五代时期，在各路窑工的努力下，耀州窑烧制出的青瓷，釉色清秀淡雅，器型精巧隽秀，涵有古典神韵，好似冰雕琢玉，让人爱不释手。

代表作品 1：青釉雕花三足盖罐，通高 10 厘米，口径 4.5 厘米。盖面

耀州窑五代青釉葵口碗

为锥形，顶端花形钮。罐身为圆唇，直口鼓腹，蹄形三足。青绿色釉，均匀莹润。腹部剔刻缠枝花纹，刻纹犀利，刀法明快，具有明显浮雕效果。

代表作品 2：青釉葵口碗，通高 5.3 厘米，口径 18.5 厘米，底径 7.6 厘米。葵口翻沿，弧腹圈足。口沿五出，与之对应五条外凹内凸的折棱。碗施满釉，釉下施化妆土。釉呈淡青色，光洁润泽，足底有三小堆托珠支烧痕。

代表作品 3：青釉剔花牡丹纹执壶，通高 19 厘米，口径 4.4 厘米，底径 9.5 厘米。直口微敞，长颈较直，斜肩微弧，圆球形腹，圈足外撇，

耀州窑五代青釉剔花牡丹纹执壶

扁平曲柄。器内施釉至肩，外施满釉。釉呈淡青色，青中泛绿，足底刮釉露胎，胎呈白色。颈与肩、肩与腹、腹下近足处各饰一周凸棱，流划几何纹，柄印几何纹，肩部一周划菊瓣纹，腹部剔刻牡丹纹。

　　五代时光虽然短暂，耀州瓷却被当时的制瓷大师巧施换骨法，化凡为仙。如果说，唐代耀州瓷散发着豪放不羁的侠气，那么经过点化的五代耀州瓷就透出一股温婉飘逸的仙气。这时的耀州窑上承唐风、下启宋韵，为北宋耀州瓷获取北方青瓷桂冠之殊荣夺得了先机。

青衣时代

烧香、点茶、挂画、插花，是宋代文人的生活四艺，其中三者皆与陶瓷器皿有关。作为中国审美的最高峰，宋代陶瓷器物以典雅含蓄、质朴内敛成就了中国瓷器在世界上的美名。耀州窑就是这一时期的重要参与者和见证者。

任何一个时代都有他们特有的符号。

我国古代的"四大发明"造纸术、指南针、火药及印刷术，有三者都成熟于宋代，因而人们认为它们是这个时期科技发展的标志物。然而，翻阅史书，欣赏瓷器，触摸历史的温度和脉搏，发展到极端之美的青瓷，似乎最符合宋代的气质和底蕴。

手持一杯清茶，低头轻呷，举目端详博古架上温润如玉的青瓷釉面，慢慢品味，脑海中自然会浮现温文尔雅的宋代文人雅士。放下茶托，取下架上青瓷器物，抚摸着坚硬细腻的胎质，细细感受，宋代沉雄豪迈、刚毅勇烈的将相黎民跃然而来。

耀州窑博物馆展示厅保存的宋代制泥、成型作坊

　　宋代，皇权的宽容，将相的有为，百姓的气节，这些似乎无可名状、无法触及的精神，催熟了青涩的指南针、火药及印刷术，也迎来了青瓷的巅峰。

　　宋代农民对封建地主的人身依附关系比较松弛，大量自由劳动力进入手工业和商业领域，经济社会得到空前发展，出现了"自三代以降，跨唐越汉，未有若今之盛者"的局面。在此背景下，耀州窑跨入了鼎盛期。耀州各窑场为巩固老市场，争夺新商机，保持北方青瓷的领先地位，在制瓷工艺上进行革新和升级，生产规模也随之空前扩大。随后耀州青瓷烧造步入高潮，产品数量、类别和品种，跃居诸窑之首。

耀州窑博物馆展示厅保存的宋代施釉作坊

　　1984 年，漆水畔出土了一组保存完整的宋代制瓷作坊。从其布局可看出耀州瓷从原料的加工、练泥、成型、修坯、印花装饰，到晾坯、施釉，制瓷的全部工艺流程，这是耀州宋代"十里窑场"瓷业繁荣景象的缩影。

　　作坊由大小并列的两间工作室构成，为半地穴式窑洞。房间地基先挖出 3 米多深的长方形地穴，再用石块砌筑穴壁基础，其上用废匣钵片交错垒筑至地面，地面之上用青砖错缝砌券成为拱顶。如果去过古镇陈炉，见过罐罐墙、瓷片铺路，再看这种由瓷构架起来的房屋，就会对这种建筑风格有似曾相识的感觉。两室内有序地放置着各种设施器物，如同艺术家画室摆放的笔墨纸砚和条案画架，作用各异，用处不同。

陈炉古镇民居

北边工作室：

水缸，放在门口石砌台阶的下边，出门即是河水，取水十分方便；

石臼，敛口深腹双耳，直径 0.6 米，用作粉碎加工细质原料；

两个练泥池，紧挨北墙，砖石铺成，边沿用竖砖包砌，低于室内地面，作业时窑工用脚反复踩踏其中的坩泥；

工作台，位于室后部，用石板和条石铺成，长 5 米，宽 2.5 米，台上设置转轮，遗留有修坯工具和印花陶范。

南边工作室：

烘坯火炕，高出地面 0.23 米，长方形的炕面用石板和耐火砖铺砌，平

耀州窑博物馆展示厅保存的宋代施釉作坊遗存施釉陶缸　　　　　耀州窑博物馆展示厅保存的宋代烧煤窑炉

日成型好的湿坯在室外晾晒，若遇到下雨或降温，就用室内的火炕烘干；

　　3口盛放釉浆灰的陶缸，位于火炕对面，并列放置，高1米，口径0.9米，瓶、罐、坛等深腹的坯件，直接浸入釉浆中然后取出，坯体表层便挂上了釉，缸内还残留已干的釉药；

　　施釉设备，有一口无底灰陶缸，缸体坐放在一面中心带凹孔的石盘上，

凹孔可立转轴，轴顶部再置轮盘，施釉时将坯体放在轮盘上，舀釉倾入坯体中央，由于轮盘转动时的离心力作用，釉浆会均匀地散开，多余的釉浆则飞溅到坯外，这样坯体便附上一层薄厚适当的釉汁，这种轮釉方法最适用于盘碟等扁平的器物。

古代巨型设备多用于战争，如攻城的抛石机、撞车、楼车，以及古希腊的"特洛伊木马"，而在黄堡镇铜川市第四中学院内，曾有一处古人修建的大型生产设备——畜力石碾槽，用来碾碎制瓷原料。石碾槽呈圆形，直径八九米，由带弧度的石头块组成，石块中部凿成凹槽，内外用条石堆砌加固，中心有固定的中柱连动着碾轮柄，旁边有巨大的石碾轮。碾槽外的一圈地面，由于人畜长期踩踏变得光滑坚硬。据当地流传，当年要套上七八匹骡马，才能拉动石碾轮干活。如今，这套设备被复原在耀州窑博物馆，供游人参观欣赏。

原铜川市水泥厂附近有一所中学，叫宜池中学。这里曾是一片临水的低凹地，是古代制备泥

耀州窑博物馆复原后的宋代粉碎原料的大型石碾

料的场所。窑场要制作精细瓷器，须除去坩土中的杂质。窑工在此处砌筑了多个淘洗池、沉淀池，先倒进坩土，引水浸泡，用木棍搅动，使泥里渣滓沉淀，又经反复过滤，再放入池中，陈腐、蒸发之后，泥浆就成了坩泥。澄泥池旁放有大陶缸，用来盛放、运输制好的坩泥。久而久之，此处就叫"泥池"，如今宜池之名，为读音之讹变。

　　黄堡镇自古生产煤炭，周边散布着多处窑窑。由于黄堡煤质耐烧，热量高，烟尘小，深受用户欢迎。民国时期，黄堡驮夫赶着牲口，载着当地煤炭，

陕西考古博物馆藏耀州窑印花碗模

搭伴结伙，经过 3 天路程，前往西安贩卖。我国的陶瓷产业，原来都以柴禾为燃料。耀州窑考古却发现，在五代末至宋代初时，这里已经用煤炭作为制瓷的燃料。

宋代漆水畔的"十里窑场"，遍布着烧瓷的馒头窑，顾名思义，其外形近似馒头，又名倒焰式圆窑。此窑由炉门、火膛、窑室、烟囱等部分组成，在生土层掏挖修制或以坯、砖砌筑而成。因为燃料由草木改为煤炭，火膛内增设炉栅，炉栅下有落灰坑，加强了通风功能。馒头窑容易控制升降温速度，保温性能好，适于焙烧胎体较厚、高温下釉黏度较大的瓷器。

作坊里成型的流水线、经过革新的拉坯轮制工具、大型石碾粉碎槽、成熟的坩土深加工泥池和陶缸、丰富的煤炭及与之相应的窑炉结构改进等等，这一系列的变革，为耀州窑烧造大量胎细釉润的青瓷，提供了先进技术和物质基础。

青瓷，是我国古代瓷器中最古老的品种。它是以高岭土作胎，器表施以含有二价铁元素的石灰釉，在1200摄氏度以上的高温还原焰中烧成，以青绿色为主色调的传统瓷器。商、周时期，我国就烧造出了原始青瓷器。东汉晚期，青瓷烧造工艺成熟。三国两晋南北朝时期，青瓷烧制水平迅速提高。唐代全国瓷器生产出现了"南青北白"的局面，即形成以越窑青瓷和邢窑白瓷为代表的南北对峙的形势。

随着瓷艺的广泛传播，青瓷技艺从沿海江浙逐步流传到西北内地。到宋代时，耀州青瓷烧制技艺日臻高超，所烧瓷器物种类繁多，造型精巧秀美，瓷釉晶莹温润，刻花印花工艺独特，纹样图案丰富华丽。开始受到社会各阶层的喜爱，名扬天下。

"青出于蓝而胜于蓝"的青色是怎样一种色彩呢？很难说清楚。因为半浅的蓝，半浓的绿，甚至青衫、青衣、青丝等深浅不一的黑，都可以称为青色。因此，青瓷展现出浓淡各异的色泽，"艾色""秘色""雨过天青""梅子青""粉青"……这些变幻词句，既是对耀州青瓷色彩的不同形容描绘，又是它美妙和喜人之处。

代表作品1：青釉刻花牡丹纹盘，直径17.5厘米。青绿色釉，灰胎质坚，盘敞口，薄唇，斜弧腹略深，浅圈足，足心微凸。通身施橄榄绿釉，盘内刻画一朵折枝牡丹花，花瓣肥硕，纹饰布局有序，运刀流畅，线条刚劲有力，花叶具有强烈立体感。整器胎体坚实，釉色润泽，色彩雅致，秀丽大方。

耀州窑宋代青釉刻花牡丹纹执壶

　　代表作品 2：青釉刻花牡丹纹执壶，通高 25.4 厘米，口径 9.7 厘米，
底径 8.8 厘米。釉色青绿，灰胎质细，釉面匀净，喇叭形口，束颈折肩，
桶形长腹，圈足外撇。肩颈之间粘贴环形耳，腹刻牡丹花纹，耳外贴扁平
状云头饰。

代表作品 3：青釉刻花五足炉，通高 12 厘米，口径 8.6 厘米，沿径 18.6 厘米。熏香用具，釉呈橄榄绿，灰胎质细，釉层均匀，直口宽沿，筒腹平底，五兽面形足，足端外撇。沿面、外腹刻扇折纹，五足呈兽面兽爪形，模制而成，贴于炉腹壁下方。

耀州窑宋代青釉外刻花莲瓣纹碗

代表作品4：青釉外刻花莲瓣纹碗，通高7厘米，口径14.6厘米，底径5.9厘米。釉色青绿，釉质纯净，有开片，玻璃质感强。侈口圆唇，深腹较大，外腹刻三重莲瓣纹，外沿下方和近足处各刻一周阴线弦纹。

众所周知，小麦是从西亚传入中国，马铃薯由美洲传向世界。这些植物经过各地的改良，培育出适应本地气候的多个品种。其实，思想传播也大致如此。创立于古印度的佛教在汉代传入中原后，与本地文化有机结合，演变出了教义不同的八大宗派，如法相宗、禅宗、净土宗、密宗等等。瓷器也不例外。欣赏这些美不可言的青瓷器时，总会产生追溯渊源的疑问——耀州青瓷最初技艺来自何方？

刻立于北宋元丰七年（1084）的《德应侯碑》，记述了北宋熙宁年间（1068—1077）耀州窑的发展情况，涉及制瓷、烧成的工艺技术，黄堡镇的自然环境，居民的从业结构，陶业的生产方式、生产关系等方面的内容。其中记载了一位叫柏林的老者，教授黄堡当地人制瓷技艺的史实。后世的人们从年号等因素推测，他可能来自当时青瓷的主产区浙江。耀州窑博物馆名誉馆长禚振西先生认为，越窑是耀州窑的"母亲窑"。她推测，柏林很可能就是从越窑请来的技师。

禚先生的论断，有实物可以印证。1995年，在耀州窑遗址出土了一件北宋青釉印花铭文盏。它高3.6厘米，口径9厘米，底径1.8厘米，是件婚礼上的嫁妆瓷。造型为侈口圆唇，斜壁圈足。器内外施青釉，釉色青绿微泛黄，釉面匀净，灰白胎，质细密。内壁模印有缠枝莲花，花间有蝴蝶。器内底心及上部印有四字楷书铭文"同伴合着"。盏里印纹缠枝莲花，其枝叶连绵不断，含有"生生不息""子嗣众多"之意。

2019年，在浙江杭州召开的杭州考古工作年度盘点大会上，一件出土于萧山黄家河墓群的西晋青瓷双鱼洗引人注目，它是古代女儿出嫁时的陪嫁品，是姑娘的洗脸盆。这件文物口径约26厘米，器物内双鱼纹头向相同，鱼体相对，鱼口间以单线连接，呈波浪彤，最后汇成一个爱心。鱼纹，是多子的象征，又谐音"裕"，寓意夫妻二人婚后，子孙满堂，生活富裕。以鱼纹图案作为器物装饰纹样的现象，始于新石器时期。汉代时期，开始流行将鱼纹样式印在陪嫁品上，只是当时大多器物是青铜做的，到了西晋流行青瓷，便有了鱼纹青瓷器具。

耀州瓷与越瓷相隔万里，两者构思意境却如此相似。时光掩埋了往来的脚步，但是总有千丝万缕的痕迹是无法分割的。

凡事都有因果，陶瓷传承也是如此。越窑与耀州窑之间在烧制方式、窑具运用、装饰风格上有明显区别。从烧制方式来看，北方无法像南方那

耀州窑北宋青釉印花铭文盏

样依山坡筑龙窑，所以耀州窑采用马蹄形的馒头窑，并以煤为主要燃料。从窑具运用分析，耀州窑在应用越窑匣钵装烧方法的基础上，加入三角形支垫，提高了产品的完美性和质量。装饰风格两者也有区别，越窑瓷器纹饰以手工刻画为主，线条随意，图案简洁；耀州窑瓷器纹饰多用模印和剔刻，模印图案规整繁复，剔刻图案立体感强。到了五代时期，耀州窑还发明了天青釉。南北瓷艺技术的巧妙融合，辅以耀州窑独特的西北文化风情，使其成为北方青瓷的佼佼者。

　　宋代历史似乎很乱，建国在五代的乱局上，后与北方契丹族的辽国、西北方党项族的西夏三国并立，战乱不息。内部也不消停，方腊、宋江率众揭竿而起，"风风火火闯九州"。形势稍有好转，被女真族完颜氏建立的金国攻下汴梁，俘虏徽钦二帝，北宋灭亡……教科书中对宋代的定位也是"积贫积弱"，仿佛这就是其历史的全部，陈寅恪先生却直言：中国文化"造极于赵宋之世"。

宋代，天子和士大夫"共治天下"，朝野内外有相对宽松的人文气氛，各种文化思想自由生长。艺术领域，宋时绘画丰富精致，书法奇秀隽永，瓷器登峰造极。哲学文化领域，天南海北的精神巨匠相继现身，潜心研究，相互争辩，便有了周敦颐的濂学、邵雍的象数学、张载的关学、"二程"的洛学、司马光的朔学、陆九渊兄弟的江西之学，最终产生了集大成的理学大师朱熹。

朱熹的理论强调"存天理，灭人欲"，主张人心有了私欲，就会危殆，所以每个人都要节制自己的物质生活欲望。宋皇室信奉佛教禅宗，追求心性本净，强调"无念"，即做到在日常生活中，心境平静内敛，不受外界的影响。帝王和文人对内在修为的追求，导致整个社会阶层流行参禅悟道之风，追求一种典雅、含蓄、精致和秀逸的人生风格。

换个角度来说，唐时三彩的艳丽、黑瓷的深邃、白瓷的光洁，已是过眼云烟，只有纯净的青瓷，才能得到宋人的垂青，他们不喜欢鲜明热辣的形象，一心向往返璞归真的心境，将青瓷化身成自我的信念、理想和高度净化能力。至此，一种工艺技术和一股文化思潮，因时代而迎面相遇，相互依附融合在一体，诞生了其集合体——青瓷。

温和帝王营造出晴朗天空，能工巧匠塑造出矫健龙身，士大夫手持朱笔，提衣挽袖，小心翼翼，上前轻轻点睛，霎时一条巨龙腾飞而起，鳞片闪闪，照耀着华夏大地上日益兴旺的耀州窑、定窑、钧窑、磁州窑、龙泉窑和景德镇窑。

瓷林绝招

两宋经济繁华、国库富足，战乱不息、外侵不断却国祚绵长，是两汉以外唯一立国超过 300 年的封建王朝。

辉煌灿烂的宋代文化，现在只有残存在各地的遗迹可以见证。翻阅史册，其延续下来的静谧寺庙、肃穆陵寝、庄严书院、孤寂宝塔等，屈指可数，唯有南北散落的陶瓷窑址，可以显示宋代文化的经纬度。

据目前的考古发现，宋代瓷窑遗址分布于全国 130 多个县。此外 170 多个县区的志书，都记载本区域曾有制瓷史。可见宋瓷分布之广、影响之大，历代无出其右者。这也说明，瓷器是宋代辉煌文化的最典型代表。

隋唐是我国陶瓷业承上启下的重要时期，形成了"邢白越青"两大窑

系，创立匣钵烧造技术，并产生了"釉下彩""花瓷"和"唐三彩"等工艺。时至宋代，商业发达，"斗茶"风盛，加之士大夫钟爱名瓷，使瓷器身价倍增，成为众人追求的时尚之物，这就刺激了各地窑业精品瓷器的创制积极性。于是瓷器生产冲破了唐代"南青北白"的单调局面，新的釉色、造型、装饰手法、烧造工艺，层出不穷，南北大地的瓷窑丛生，派别林立，争奇斗艳，尽态极妍，逐渐形成了以各大名窑为中心的"窑系"。

宋代的定窑、耀州窑、钧窑、磁州窑、龙泉窑和景德镇窑，被后人合称为宋代六大窑系。再加上富有浓郁地方色彩的江西吉州窑，河南鹤壁窑、当阳峪窑、巩县窑、登封曲河窑，广东西村窑、潮州窑，广西永福窑等，共同构筑了宋瓷百家争鸣、百花齐放的"门派与江湖"。

始于唐代的耀州窑，能够传承至宋代，并产销不衰，傲立瓷林，"巧如范金，精比琢玉"的青瓷产量跃居全国之首，主要依靠两大独门绝招，一是独树一帜的装饰艺术，二是独具特色的设计造型。

耀州窑装饰技法起源于越窑，但进行了改进、丰富、创造和升华。其装饰审美风格，从最初的线性手法为主，向三维立体发展，最后形成立体与平面相结合的特色。大致过程为，从划花到剔花，再到刻花，最后发展到印花，并加以堆塑、捏塑、镂空等技艺。其取材范围广泛，内容丰富，构图严谨，技法娴熟，对我国陶瓷发展产生了深远影响，被誉为"宋代刻花青瓷之冠"。

划花：在陶瓷坯体表面用木、骨质或金属等刀口锋利且有弹性的尖状工具，划出各类纹样的装饰手法。这种技艺始于唐代，多见碗盘等。五代时期，划花技法日臻成熟，划花纹样线条奔放、疏密得当、融洽和谐，将单线条的厚度、张力、

陕西考古博物馆藏耀州窑北宋青釉刻花牡丹纹梅瓶

耀州窑五代青釉划花套盒

弯转等发挥得自然流畅。纹饰题材以植物、动物、花卉和几何图案为主。

划花在瓷器上的运用，改变了瓷器长期以器型和色釉为主要装饰手段的技艺，为光洁的瓷器表面增添了精美的图案纹饰，开创了耀州窑装饰的新格局，为此后宋代的青瓷刻花工艺开了先河。

代表作品：五代青釉划花套盒，口径13.5厘米，底径16厘米，高6厘米。为一组套盒其中的一层，呈八曲形，敞口尖唇，浅斜腹，高圈足，胎白色。内外施青釉，釉色青绿微黄，光滑莹润，开有纹片。内底饰划花牡丹纹，周围腹部绕以卷草纹，壶门之间饰划花朵花纹。

剔花：在瓷器坯体表面先刻画出花纹，再剔去其周围的釉面或化妆土层，露出器物的胎体，使剔除凸出部和光滑平素的器物表面之间，形成高低起伏、穿插有致的立体浮雕状。剔花工艺相对平面效果的划花，更具有厚重的体量感和视觉冲击力量，使得耀州瓷的艺术欣赏性得到极大的提升。

由于剔花瓷器是整体剔刻，刻成后往往器壁厚薄不均，烧造时内部压力不同，器物容易变形，导致精品率不高。这个难题促使耀州窑工匠进行了新的探索和创新，创造出了独特的刻花技艺，使剔花技艺成为耀州瓷最具创造性的偏刀刻花装饰技艺的前奏。

代表作品：北宋剔花凤首壶，口径4.8厘米，底径8.5厘米，高38厘米。此壶造型别致，釉色深沉苍翠，凤头美如琢玉，其造型受波斯金银器影响。口部盛开的四瓣花象征凤冠，凤头上大喙、大眼，凤首后部恰似一束长羽上飘，呈钩状，展现了凤的精气神。颈上装潢凸起弦纹，长颈渐宽，

耀州窑北宋剔花凤首壶

丰肩圆腹，肩、腹部三层剔刻有花卉纹，花纹凸起，花叶分披，颇具立体感。肩部和下腹部刻双层尖莲瓣纹，剔刻刚劲有力，刀锋犀利潇洒。

刻花：这项技艺是耀州瓷最具技术与艺术含量的创作，是其笑傲江湖的独门绝学。它是在划花和剔花两个技艺基础上发展起来的。先用锋利刻刀在半干的瓷胎壁上划出单线图案，然后沿划痕线的一侧，选取合适的倾斜角度刻入，再剔除两刀之间的部分，使纹样微微突出、轮廓线凹入，即沿线条的半边刻或半边剔出的方法，俗称为"两刀泥"刻法。另外，距离纹样近的坯表刻得较深，距纹样远的坯表反之。施釉时，器壁刻得深浅不一，肥厚的釉液所流平填充后的厚浅度也不尽相同。烧制后，因釉层薄厚不一，由此呈现出釉色的浓淡变化，色阶也愈发自然，有如光影转换，虚实不定，并烘托出了浅浮雕效果，颇具艺术魅力。

刻花手法也称之为刀法，如同书法的用笔、国画的笔法和篆刻的刀法，手下功夫的高低，决定着作品的成败。在刀的运用上有顿挫、缓急、勾挑、翻转、轻重等技巧。瓷器上的花卉、虫草、人物及山水的曲直疏密、刚柔动静、虚实结合等布饰，完全依靠工匠灵动的刀法塑造而成。

耀州瓷刻花工艺，满足了器物立体与平面的双重艺术表现，在当时众窑林立中独领风骚，广泛地影响了大江南北的众多窑场，成为大家模拟学习的榜样。

代表作品：北宋青釉刻花缠枝牡丹纹梅瓶，口径5.5厘米，底径8.8厘米，高30.5厘米。瓶小口，圆唇卷沿，短颈折肩，长腹稍鼓，隐圈足。胎为淡土白色，质地细腻坚硬。通体施青釉，釉色青绿。瓶肩与下腹装饰双层刻花尖瓣状覆仰莲瓣纹，腹部主体纹饰为刻花缠枝牡丹纹，以盛开的缠枝牡丹花作横竖向四方连续构图，缠枝蜿蜒曲折，刻花刚劲有力，线条活泼流畅。

由于市场对耀州青瓷需求量的激增，手工刻花工序多且数量有限，周期也长，为了保证质量的统一，满足供需要求，缩短制造周期，印花工艺应运而生。

印花：这是一种仿刻花的工艺。先制作好带有设计纹饰效果的模范，然后选取大小适宜的模

耀州窑宋代青釉刻花缠枝牡丹纹梅瓶

范，拉出粗坯罩扣在模范上进行拍打，再在器物坯体上模印出图案纹样。这种方法多用于碗、盘、碟、盏等器物的内壁装饰。

印花技艺的水平高低，主要取决于模范制作技艺的水平高低。模范也称之为陶范，其按使用功能分为母范和子范。母范是制作子范的，子范是在陶瓷坯体上印花的工具。陶范的制作方法有两种，一种是在转轮上将陶泥拉坯成器物倒扣时的内壁型，即馒头状，然后在其上刻制花纹素烧后即用于印花。这样成型的模具内壁及底部有同心圆痕迹，转轮印花时稳定性较差，且模体比较薄，不耐用，因此采用此种成型方法的模具很少。另一种是先制作母范，将陶泥在转轮上拉出碗盘等的内壁，外壁不做修整和挖足，然后在内壁上刻制纹饰后素烧，再将陶泥置于母范之内分层压制成型，模体较厚且重，花纹在印制的基础上也可做适当的修整，一个母范可以翻制很多子范，这是耀州窑印花模具的主要成型方法。

运用印花技艺，可将制瓷装饰的工序大幅度简化，将原先划花、剔刻花结合的手法技艺，合并为印花，产品的生产效率得到较高提升。

"鱼和熊掌二者不可兼得"。耀州窑所用的较高质量的模范，保证了印花产品的艺术水准和装饰效果，并成为各个窑口前来学习交流的核心技术之一，为形成以黄堡窑场为中心的耀州窑系创造了有利条件。但是，其手工技艺所特有的鲜活艺术性却明显丧失，成为较为纯粹的流水线产品。印花工艺的广泛使用，既标志着耀州窑达到了鼎盛时期，又体现出其艺术创造性出现了衰退。

耀州窑印菊花碗模

耀州窑宋代青釉印花四婴戏莲纹碗

山西考古博物馆藏耀州窑铃铛范、戳印范

代表作品：北宋青釉印花四婴戏莲纹碗，口径15.6厘米，底径3.5厘米，高4.5厘米。该碗敞口圆唇，斜弧腹，圆底圈足。釉色青绿，足底刮釉露胎。胎色灰白，质较细。器内饰印花四婴戏莲纹，人物富有动感，惟妙惟肖。

此外，耀州窑还广泛使用镂空、贴塑等工艺。如北宋青釉镂空贴塑走龙纹熏炉采用镂空手法，加强了装饰龙纹的立体感，使之腾云驾雾的形象更加生动；再如唐代黑釉塔式罐盖顶上的猴子，罐腹上的莲瓣，罐座上的佛像、力士、兽首、瑞鸟等，均用贴塑的手法进行装饰。

镂空：是在器物的坯体上用刻花手法将纹样刻成，然后按图案的布局和需要将其某一部位或多个部位的坯体刻透，在图案的陪衬部位形成各种形态的孔状布局，使主体纹饰更加突出的一种装饰手法。这种装饰手法以动植物纹样和几何纹样为主，多用于灯、炉的腔体部位。

代表作品：北宋青釉镂空贴塑走龙纹熏炉，高19.2厘米，口径9厘米，底径12.5厘米。此炉由内腹炉体、镂孔外套筒及喇叭形高圈足三部分组成。内腹炉体直口弧沿，弧腹平底，沿上刻折扇纹，沿下套粘筒形外套筒。外

耀州窑唐代黑釉塔式盖罐

耀州窑宋代青釉镂空贴塑走龙纹熏炉及特写

套筒为束腰筒形，周身镂刻三层错位排列的月牙形和不规则形透孔。套筒壁一周贴塑三条首尾相随的行龙。喇叭形足上口与外套筒底榫相套粘，柱形腰处有一周凸棱，斜足面呈四层台式凸棱。内腹体内、高足内及足底露胎，余处施青釉，釉色青绿，均匀透亮，釉面局部开片。

耀州窑青瓷匠心独运的设计造型，是其另一个能够开府立衙，树一方窑系的"撒手锏"。"耀瓷四绝"是其代表作。

在众多耀州瓷产品中，倒灌壶、良心壶、凤鸣壶、公道杯，被称为"耀瓷四绝"，成为耀州青瓷的代表之作。其刀工犀利、釉色莹润，备受众人的青睐，而它的巧妙设计更是令人惊叹连连。那么它们绝在何处？

倒灌壶：此壶创烧于唐朝，流行于宋、辽时期，是清代受追捧的壶式之一，也是我国陶瓷艺术中的一朵奇葩。其壶盖与壶身融为一体，根本打不开，且注水口开在壶底，注水后翻过来壶里的水点滴不漏。这个奥秘是此壶在烧制时运用了物理学中连通器的原理，壶内只有一种液体，液体不流动时，壶内液面总能等高相平。壶内设计有两只导管，一个从壶底通壶腹，一个从壶内的流口到壶嘴，由于壶腹的导管上孔高于最高液面，当正置或倾斜壶体时，壶底液体入孔处不会漏出；当壶体倒置时，同样的原理确保液体也不会流溢出，若有溢出，则说明壶内已满。

20世纪60年代末，一位农民在陕西彬县（今彬州市）一段古老城墙上取土时，挖掘出一件完整瓷器。当时他并没在意，随手拿回了家，起初给孩子玩，后来当作屋内摆设。时至1981年，一位在西北大学工作的亲戚过来做客，他学习考古专业，慧眼识宝，一眼看出摆在桌子上的"瓷壶壶"是无价之宝。后来这件瑰宝经过北京、上海和西安多位专家鉴定，一致给予了极高的评价。最后它收藏于陕西历史博物馆，被评为一级文物，并定名为"五代耀州窑

耀州窑博物馆广场以五代耀州窑青瓷提梁倒灌壶为原型的"天下第一壶"雕塑

倒灌壶原理示意图

青瓷提梁倒灌壶"。

　　"耀瓷四绝"另外的良心壶、凤鸣壶、公道杯并不是耀州窑原创的器物，而是依照外地窑口的造型仿制出来的产品。

　　良心壶：又名"两心壶"。其壶身纹饰华丽，壶内暗藏机关，有两个独立的小壶心，其一为倒装结构，另一为正常壶式，两小壶心不相通，但共用一个流口。它可以按照需要分别倒出水和酒，是古代王公贵族喝酒作乐的酒器，也是耀州瓷的代表作之一。

　　良心壶体多为神采飘逸的寿星造型，两处注口分别设在拐杖下端及肩头悬挂的酒葫芦之处。壶内分别灌入酒和水，用手指按住其中一个注口，倒出的将是另一个注口中的液体。这是因为，一个注口封闭以后，由于大气压力的作用，该壶内的液体无法流出，而另外壶内液体的流出并不受影响。如果把两个注口同时按住，就无法从壶中倒出任何液体了。

凤鸣壶：壶腹剔刻花纹，飞凤形壶嘴，壶盖下的瓶颈只有一半是中空的，另一半为实体。每每倒液体入壶中，气体冲击瓶颈，就会有美妙的声响，好似凤凰在歌唱，故得此名。

传说武周时，一日，女皇武则天在梦中看见一只华丽的凤凰，嬉戏于盛开的牡丹丛中，时而引颈长鸣，时而展翅飞舞。她睡醒后对梦境记忆犹新，讲述给身边内官，众人齐声附和，说此乃吉梦。武则天听后大喜，立即口谕耀州窑能工巧匠，制作一把凤戏牡丹壶。一把瓷壶既要表现凤舞又要听见长鸣，这确实是件难事。但是心灵手巧的匠人，经过多次试制，终于烧制出了能发出清脆鸟鸣声的凤鸣壶。武则天得到此壶，爱不释手，视为珍宝。

公道杯：公道杯最早作为酒器出现是在元代和辽代的外地窑口。这种器具盛酒时只能浅平不可过满，否则杯中的酒就会全部漏掉，想来这种精巧的设计也是为了提醒饮酒者不可过量吧。

公道杯杯心一般直立一龙首或老头，杯内有进水孔，外底部有排水孔。公道杯里外的两孔之间有曲弯管相连，并巧妙运用了虹吸原理。杯外部一端较内端长，当杯中水低于或平齐于弯管最上端（一般为龙须或老人胸前的黑痣）时，水不能漫过弯管而泄流；当水超过弯管最上端，水面便高出弯管产生压力，于是通过虹吸而使水顺弯管流到杯外，直至流尽。

据传，当年南方一窑场曾烧出一批精致的公道杯，并作为贡品运往南京。洪武帝朱元璋看到后，十分喜爱，经常用它盛酒宴请文武大臣。一次

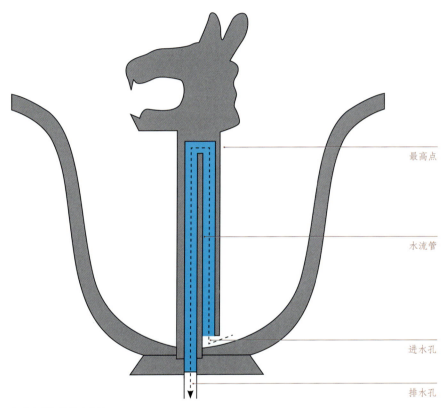

最高点

水流管

进水孔

排水孔

龙首公道杯原理示意图

宴会上，朱元璋想赏赐几位有功的大臣多喝一点酒，于是特意吩咐将大臣的酒杯斟满。可待到大家共同饮酒时，那几位被"特殊照顾"的大臣，杯中竟没有酒，现场显得很尴尬。朱元璋究其原因，才明白公道杯的奥秘。朱元璋觉得此杯盛酒公平公正，于是为之取名"公道杯"。

耀州窑地处高原腹地，交通不便，加之本地坩子土杂质大，烧制釉色难以达到纯净透亮的程度。然而，就在如此条件限制下，耀州窑师古而不泥古，不囿于一得之见，博采百家之长，吸纳同行精髓，苦练内功，自成一家，创立装饰和造型两大立身武功，成功跻身于宋代"六大窑系"之列。

千古绝唱

建立金朝的女真人，从四处掠夺到发展经济，从没有文字到尊孔养士，从奴隶制转为封建制，从军事贵族变为封建地主，在文明的进程中飞速前进。金朝存在的时间虽然不长，却也在陶瓷业的变革中留下了浓墨重彩的一笔。

1115 年，发源于白山黑水间的女真族，建立金政权。金人以小博大，用 10 年时间吞并辽国，之后两年发动"靖康之变"，灭北宋。接着，宋、金对黄河流域反复争夺，在渭北地区发生过几次较大的战争。

在此期间，耀州窑黄堡窑场受到战乱冲击，瓷业生产困顿，停滞不前。一部分窑工为躲避兵燹，转移至立地坡和上店等地，立窑制瓷，但规模都较小，尚处于成长阶段。随着南北对峙结束，政治恢复稳定，经济逐渐繁荣，进入鼎盛的"大定之治"，北方的手工业和商业才得以重新恢复。

金代耀州窑黄堡窑场前期以豆青釉、翠青釉和月白釉青瓷为主，少见橄榄青釉；后期主打姜黄釉，兼烧酱釉瓷和黑瓷，主要烧制生活器皿。

这期间，黄堡窑场生产工艺有以下四个主要特点：

承袭技艺：金初青瓷传承前代精湛的制瓷工艺，釉色与北宋青瓷媲美；器物造型和装饰纹样有所创新，改变了北宋晚期轻、薄、巧的风格，其胎壁加厚，口唇尤厚，底足较宋器略宽，足内墙多外斜，器外底呈乳凸状，以敦厚耐用为其特征。造型以生活用瓷中的碗、盘、钵、壶、瓶、罐为多，其次为枕、炉、盒、灯、盏以及瓷塑玩具等。

装饰艺术：宋末青瓷纹饰满布器物内外，布局严整，讲求对称，主题突出。金初北方多战乱，顾不上偃武修文，瓷器装饰布排变得简单，工艺图案趋于简练，纹饰主要表现在印花、刻花上。题材以各种折枝、缠枝花卉为主流，还有菊、梅、莲、海棠及石榴等。动物纹饰有鲤鱼、鹅、鸭、鸳鸯、鹤、鹿以及犀牛等。

贴塑工艺：贴塑是将模印、雕塑成型的物象，贴于造型上的一种装饰。金代耀州瓷在此方面有较高的艺术成就。如出土的双龙青瓷瓶，把塑好的曲颈昂首的蛟龙，分别贴于瓶颈两侧，双龙追逐腾飞的生动景象跃然器上，可谓创意飞扬，意境绽放。金代的青瓷器盖，亦属此类装饰的佼佼者，其盖形似荷叶，翻卷叶边圆活自然，盖面上饰划的叶筋突兀生动，盖钮是一只扭动身躯，欲跳入池水的小青蛙，荷叶与蛙，静动相济，使得器盖造型极富艺术活力。

釉色变化：宋、金青瓷以绿为主色调，前者绿中泛黄，呈橄榄青；后者色调纯正，青翠碧绿。两代青瓷，制作规范，造型美观，釉质肥厚，釉

耀州窑宋代印花折枝牡丹纹碗　　　　　　　　耀州窑金代青釉刻花牡丹纹三足炉

面晶莹温润，均有很强的玻璃质感。

　　金代耀州日用瓷在民间广有市场，宫廷、官府、道观寺院亦多使用。据考古发掘，金代耀州瓷在北方多地有出土，就连新疆、内蒙古等边陲也有其身影。

　　金末耀州瓷质量逐步下降，重要表现在其胎质上。胎骨总体呈黄白色，器胎呈现淡土白、浅黄或白中微黄、白中微棕黄等色，有小气孔，烧结度和致密度远不如宋器，这是区分宋金两代胎体的重要特征。另外，为适应民间市场需要，增加产品产量，窑场广泛采用涩圈筒装叠烧。此工艺简单

耀州窑金代姜黄釉刻花牡丹纹盖盒

粗糙，主要流程是瓷坯在叠烧时，不用垫具间隔，为避免粘连，将器物底心釉药刮掉一圈，来放置上面一件器物的圈足，器底内心有釉，相叠处无釉，成为涩圈，这样依次重叠将瓷坯放入筒形匣钵。烧制出的成品质量较差，内底一圈无釉，美观性差。此法另一弊端是，日渐增大的通风口和炉体，使得炉内还原气氛受到影响，所产青瓷都有姜黄色，已无润绿可言。

姜黄釉青瓷，釉质薄而不润，纹饰趋于简单，以印花为主。它的出现是耀州窑青瓷的一个重大转折，是其呈现颓势的一个主要标志。

耀州窑金代姜黄釉印花水波莲鱼纹盘

代表作品 1：姜黄釉印花水波莲鱼纹盘，通高 3.5 厘米，口径 16.8 厘米，底径 6 厘米。敞口圆唇，浅腹圈足，腹壁斜弧，内底涩圈，足底刮釉，釉色姜黄，釉面开片，色泽如原木，胎色灰白细密。盘内印水波莲鱼纹，外沿处阴刻一周弦纹。

耀州窑金代姜黄釉刻花牡丹纹花口瓶

　　代表作品 2：姜黄釉刻花牡丹纹花口瓶，通高 18.1 厘米，口径 7.3 厘米，底径 7.3 厘米。卷荷叶状花口，细长颈，斜折肩，肩下渐收，至胫部变细，宽矮台形圈足。腹部有八条内凹压痕。器内施釉至颈，器外满釉，足底刮釉露胎。釉色姜黄，釉质匀净，有气泡，釉面有开片。胎色灰白，胎质较细。颈、肩与胫部分别刻莲瓣纹，腹部刻折枝牡丹纹，纹饰层之间以弦纹相隔。

耀州窑金代月白釉荷叶形盖钵

　　金代耀州窑与前代相比少有亮点，但月白釉的横空出世，为其历史留下了浓重的一笔。色质如玉的月白釉瓷，是耀州窑守正创新的新品，也是巅峰时期的一曲千古绝唱。

耀州窑月白釉瓷是介于青釉与白釉之间的瓷器，有白中闪青、白中闪灰等多个品种。瓷胎为白色或灰白色，素面无纹饰，釉层肥厚，呈半失透状；釉色以乳白色为基调，釉面润泽如玉，暖人心扉，恰似秋夜江边一轮恬静温润的悬空明月，故称为月白釉。种类有碗、盖碗、杯、盘、碟、洗、罐、瓶、鼎炉等，造型与同时期的青瓷相似，但更加浑圆敦厚，更具新疆和田青白玉器的优雅效果。

耀州窑月白釉瓷的研发成功和大量烧制，有一定的社会背景和经济原因。

女真族原来信奉原始宗教，他们挥刀骑马，讨辽伐宋，凭借武力入主中原。收刀下马后，开始主动学习中原的生产技术和先进文化，统治集团更是把儒学作为治国安邦和修身养性的正统思想。月白釉瓷质感柔和，如玉似冰，散发着书卷气息，它无形之中被认为是儒学君子的标志，得到了金朝各阶层的追捧和青睐。

羊脂玉、独山玉等原料稀少昂贵，制作工艺复杂费时，皆为皇室贵族所享用，而瓷器生产原料丰富，烧制可塑性较强，生产成本相对较低。为迎合广大玉器需求者，仿玉效果极佳的月白釉瓷应运而生，且常盛不衰。

耀州窑月白釉瓷的烧制成功，深受景德镇青白瓷的影响。青白瓷是宋代景德镇创烧的新品种，它的釉色独具风格，介于青白二色之间，白中显青、青中泛白。耀州窑因地制宜，汲取其长，借鉴当时风靡南北的青白瓷特点，依靠从唐代积累的工艺经验、众多技艺娴熟的工匠和较为完备的制陶设施，终于在北宋末和金初，烧制出了与青白瓷有异曲同工之妙，釉层肥厚、莹润细腻、质感如蜡似玉的月白釉瓷。

如今，陶瓷研究人员对金代月白釉进行检测，发现胎釉中的含铁量及烧成气氛，是决定其釉色的关键要素。古代耀州窑工匠在烧制月白釉器皿时，除了降低胎釉中的铁含量，还在釉料中加入石英，以提高二氧化硅的比例，并采用"弱还原焰"的烧制方法，让窑中温度控制在 1200 摄氏度，比青瓷略低 100 摄氏度左右，来提高月白釉的成品率。

北宋耀州窑与朝廷有着千丝万缕的联系。据北宋《元丰九域志》记载，耀州窑青瓷曾作为贡品进献入宫，黄堡土地神也被宋廷册封为"德应侯"。这种与宫廷密切的关系，在金代有无延续呢？

20 世纪 80 年代以来，考古工作者对耀州窑遗址进行了大规模的考古发掘。在金代文化层出土物中发现有行龙纹范模，少数器物上有龙形贴饰，而在金都城的贵族墓中也出土了精品耀州瓷，由此推断耀州窑曾给金朝烧制贡瓷，可惜长期未查阅到有关文献记载。

已故铜川著名学者黄卫平先生，在药王山南庵金代《耀州吕公先生之记》石碑上，发现了大定年间（1161—1189）耀州窑金代贡瓷的史实记载。该碑文首先介绍道士吕中道的事迹——其先在耀州孙真人栖隐之地药王山升仙台"凿岩为洞"作"栖真之所"，后来去往金国中都燕京（今北京）。接着说到商人牛安国，"大定癸巳……是岁冬。耀州使效牛安国贡瓷器至滹沱河南路，逢先生……牛安国拜问：'先生何往？'对方曰：'吾久厌尘世，拉竹林寺长老南游天坛。'"撰碑文者杨杲为说明此事真实，在碑阴刻有"受语进京故事"者姓名与官衔，包括"耀州商酒都监张荣""前耀州太守王浩""华原令王祥"等。

据此碑文可知，耀州贡瓷精美贵重，需专人负责押运，商人牛安国专门从事这一行业。他于大定十三年（1173）押运贡瓷至滹沱河南路，恰巧遇见从耀州云游到河北的吕真人（吕中道）。想必两人在耀州药王山有过来往，彼此熟悉，他乡遇故友，便有了双方以上的问答。

前文提到，1953 年在北京广安门基建工程中发现了 300 多片制作精美、刻有龙凤等图案、形制大而优美的耀州瓷标本。当时考证认为，这批瓷器是金人由汴京掠夺到中都燕京的。现在从其他出土实物和碑文记载来分析，可以断定宋金时期，耀州窑瓷器始终是贡瓷。那批广安门出土文物，极有可能是进献金廷的贡品。

1988 年 4 月 12 日，铜川市耀州区柳林镇五联村寺村组发现一处古代窖藏，内有金代耀州窑瓷器 36 件（套）。寺村位于文王山西麓，是一个南北走向的狭长台塬。这批窖藏文物在村子南边。

村南地表散落着大量的砖、瓦和少量青釉瓷片。据传此地唐代建有寺庙，香火旺盛，香客如云，寺村由此得名。窖藏瓷器保存完好，釉色光滑亮洁，无明显使用痕迹。专家推测它们不是日常生活用具，而是寺院举行宗教仪式的礼器。这批瓷器形制小巧，造型别致，工艺精美，其中的月白釉器物，呈现油脂般厚实肥腻、玉石般乳浊不透的质感。

耀州窑金代月白釉直腹碗

　　代表作品 1：月白釉直腹碗，通高 7.8 厘米，口径 13 厘米，底径 5.7 厘米。
直口圆唇，深直腹，腹下圆弧收，坦底圈足，挖足过肩。月白釉，呈青白色，
釉厚均匀，釉质纯净，温润明亮。

耀州窑金代月白釉鋬耳洗

　　代表作品 2：月白釉鋬耳洗，通高 6 厘米，口径 15.4 厘米，底径 4 厘米。
釉色呈青白色，釉厚均匀，温润如玉。圆腹外鼓，坦底卧足。口沿一侧有
一月牙形鋬沿，下贴一环形立耳。胎色灰白，胎质细腻。内底心饰一道弦纹。

代表作品 3：月白釉三足炉，通高 10 厘米，口径 9 厘米。宽平折沿，束颈鼓腹，圆底略平，外底中央内凹。器内施釉至口沿，器外满釉。腹下粘贴三兽足，兽足底端刮釉。釉色月白略泛灰，釉质厚而温润，胎色灰白，胎质致密。

金代耀州窑黑釉器主要以日常生活饮食器为主，也有一些祭祀用具。其装饰手法以印花为主，刻花和划花不多。纹饰以植物花卉为常见，动物、人物纹相对较少。整体釉色漆黑纯正，胎骨坚实细致，胎釉结合好，反映出耀州窑有相当高的黑釉器烧造水平，这为元代黑、白瓷的再度复兴，赓续了技艺根脉。

耀州窑金代黑釉龙纹扁壶

　　代表作品 1：耀州窑黑釉龙纹扁壶，国家一级文物，通高 28.2 厘米，口径 7.7 厘米，底径 9.9 厘米。壶身扁圆形，小口外撇，圈足。胎呈灰白色。短管状流，有四个桥形贯耳用于系带。两面印龙纹，龙身用圆点装饰。施黑釉，圈足露胎无釉。器型别致新颖，便于携带，应为少数民族生活用具。现藏甘肃华亭市博物馆。

耀州窑金代黑釉剔花小口瓶

代表作品2：黑釉剔花小口瓶，通高24厘米，口径4.3厘米，底径11.5厘米。瓶小口外折，短颈溜肩，鼓腹圈足。通体施黑釉，釉面光亮似漆。通体运用剔刻装饰技法，肩部为一周变形菊瓣纹，腹部装饰四组线形开光，开光内剔刻出折枝花叶。线条简练，纹饰粗犷豪放，黑亮的釉面与褐色的胎体形成对比，别具韵味。底部墨书"郭舍住店"四字。

走入乡间

元，作为中国历史上首个少数民族建立的全国性的大一统、多民族王朝，其从雏形到鼎盛，始终保持着对先进文化的尊崇态度。耀州的陶瓷业在短暂的元朝，有了突破性的发展，从宋时期的典雅细腻逐渐适应民间大众需求，生产了大量质朴洒脱的瓷器。

元朝，在文明背景有重大差异的前提下，以宽广的胸襟对待各种先进的文化思想和生产技艺，做到了多元交融、兼收并用。由此，产生了兴盛的元曲南戏，编制了世界领先的《授时历》《舆地图》，刊行了《农桑衣食撮要》《算学启蒙》等科技著作，发明了金属活字、转轮排字法和套色印刷术，开创了中国封建时期中外文化交流的新时代。

陶瓷作为古代社会中科技含量较高的器物，最能直接说明当时社会的生产力和文化发展程度。元代历史不足百年，但是手工业规模和技术水平远超前代，其陶瓷业在我国陶瓷史上占据举足轻重的地位。青花瓷和青花釉里红，勃兴于此时，大量枢府瓷、彩瓷和白地黑花瓷流行于世，开创了明清两代瓷器盛况之先河。

耀州窑从唐代创烧以来，青瓷产品常盛不衰，在北方各窑场中处于领先地位。时至元代，耀州窑受战乱侵扰、市场竞争和原料枯竭等影响，主打产品青瓷的风采不再，反之传统黑、白瓷悄然振兴。尤其受磁州窑白地绘黑花风格的影响，耀州窑新品种白地黑花瓷异军突起，成为元明时期主要的生产品种之一。

元代耀州窑白地黑花瓷风格粗犷实用，一般体形较大，胎质粗粝，胎色较深，造型敦厚，实用性较强，产品主要有碗、钵、盘、碟、盆、瓶、壶、罐和玩具等日常生活用品。

白地黑花瓷也称铁锈花，装饰过程是在白度不高且比较粗糙的胎体上，先施两层白色化妆土，然后用含氧化铁的斑花石作着色剂，在瓷坯上绘纹饰，在高温的烧造过程中纹饰中铁色剂呈现斑斓的铁锈红色，最后施一层透明的薄釉，此时着色剂变化为黑色方为烧制完成。这种黑釉花和白釉地形成色彩上的强烈对比，加之清朗优美的纹饰图案，给人以质朴清新、洒脱奔放的美感。

在白地黑花瓷纹饰的题材上，耀州窑工匠运用了中国绘画中的写意画法和图案装饰法，生动地将花卉、人物、鸟兽、虫鱼、山水风景等自然景物描绘在瓷器上，并且结合诗词与书法，极大地丰富了耀州窑瓷器的装饰技法和文艺色彩。

代表作品：耀州窑白地黑花瓷坛，通高 36.1 厘米，口径 16.2 厘米，底

耀州窑元代白地黑花瓷坛

径 13.3 厘米。坛口圆唇，口沿微敛，丰肩深腹，肩下渐内收，圈足。肩两侧对称饰双系，以双泥条捏塑而成。肩、上腹绘两层黑色花纹，线条流畅，黑彩上罩以透明釉，白中闪黄。下腹与器内满施黑釉，下底无釉。坛形体硕大浑圆，花纹饱满。

　　耀州窑有烧造黑瓷的优越条件——当地有取之不尽的坩子土，随处可见配制釉药的主要原料料姜石。料姜石其中含有大量的铁元素，在氧化焰烧成中呈现黑色。黑釉和青釉相对而言，前者比较容易掌握窑炉里的氧化焰。耀州窑烧制出的黑瓷，色调沉稳凝重，釉面纯净，光可鉴人。

耀州窑元代黑釉碗

元代黑瓷器型，主要有碗盘碟罐，以及灯盏、烛台、酒盅、油瓶、香炉等。器物均匀，釉质浑厚，坚固耐用，大多施半釉，圈足及器外底露胎。多素面，无装饰，玉壶春的肩部略施别釉弦纹。

白瓷与黑瓷的区别仅在釉色上，其器型、造型及施釉特点均同于黑瓷。由于白瓷色调素雅，生产工艺简便，同样深受民间大众的喜爱。

代表作品：黑釉碗，通高 6.1 厘米，口径 17.9 厘米，底径 5.6 厘米。敛口圆唇，斜弧腹，内圆底，宽矮圈足。内满釉，外半釉，釉色黑褐明亮，灰胎微泛土黄，质地略粗。

耀州窑虽为宫廷烧造过御用瓷，但主要产品还是民间用瓷，因此始终保持着民窑的风格和传统。元代耀州窑仍生产青瓷，可是与前代相比，此时青瓷粗朴不佳，胎体厚重，胎质较粗，施釉欠匀净，釉层较薄，碗盘等器外壁多施半截釉，釉色常呈姜黄色或褐绿色。装饰还以刻、印技法为主，但纹饰日趋简单粗放，以游鱼、莲花、菊花、水波、钱币为主，线条粗犷奔放，构图自由随意，日趋大众风格。

彻底走入民间的耀州青瓷，已无釉色晶莹、纹饰精美的锦绣外衣，亦无高雅韵闲的格调、如处子般的光洁静谧。它不再是居于高峰，从与青松为伴的高士，变成了下山涉水，行走谷底，身着麻衣，脚穿草履，朴拙粗犷，且富有豪迈气息的务农壮汉。它隐藏于乡野村间，现身于集镇闹市，由雅室博古架移位于厨房灶火台，由案几金石丝竹之声换为屋内织布机的"唧唧"声。至此，世上再无享誉中外，居于庙堂之上的刻、印花青瓷。那位"温温如玉也"的青瓷姑娘已飘然而去，化身于蓝天碧云之中，等待人间的再次召唤。

元代耀州青瓷质量大幅下滑的原因除了大众审美的变更，还有技术和工艺等原因。窑场为了提高产品产量，加大窑炉空间，缩短烧成时间，对窑内还原气氛未精心控制，产出的青瓷釉色普遍呈姜黄色。同时为了节约生产成本，继续采用涩圈叠烧法，青瓷胎体变得"粗重大厚"。

代表作品1：姜黄釉龙流葫芦形执壶，通高12.7厘米，口径2.6厘米，底径5.8厘米。葫芦形酒器，敛口束颈，鼓腹圈足。颈肩一侧贴扁条形曲柄，另一侧肩部贴附一龙首，龙口衔圆柱形流。壶内施釉至颈，外施釉至下腹，釉色姜黄，较明亮，釉面开片。胎色灰白，胎质较细。口沿、颈肩和腹下各饰一组阴线弦纹。

代表作品2：姜黄釉印花莲纹碗，通高6.8厘米，口径17.8厘米，底径6.4

耀州窑元代姜黄釉龙流葫芦形执壶

耀州窑元代姜黄釉印花莲纹碗

厘米。敞口圆唇，弧腹内圈底，底心下凹，圈足。内满釉，外半釉，釉色姜黄，釉质匀净，釉面开片。胎灰白色，胎质较粗。碗内印莲花纹，周边饰水波纹。

尽管这一时期的耀州青瓷不再进入宫廷，但它结实耐用，价格亲民，为劳苦大众所喜爱，所以畅销西北各地。元代耀州窑青瓷主要有碗、盘、罐、瓶、茶、壶、灯、盏等，其中以碗盘的产量最大。在黄堡窑址的堆积层中，元代碗盘的残件常常叠摞成堆，数不胜数。其中，一种大口径、大圈足、体形硕大的"老碗"数量最多。

老碗，是关中人对硕大的碗的称谓，是北方人常用的器物。其古拙浑厚的风格，成为关中饮食文化的重要元素之一，至今魅力不衰。过去关中乡村的村头路口，浓荫蔽日的老槐树下，一群光头黑衣、胯上扎着白腰带的男人，或蹲或坐或靠树，每人手里捧着一个老碗，一边吃饭，一边拉着家常。这样的景象，被人形象地称为"老碗会"。这种民俗在"公社化""食

堂化"后逐渐消失。贩卖这种器具的商人也被称为"碗客",经典名著《白鹿原》里,就有一位叫庞克恭的碗客。如今,老碗又出现在关中各种面食餐馆里,它演变为一种怀旧情怀、一种乡愁记忆,成为关中饮食的代表性符号。

元代耀州窑青瓷的衰落,有自身产品质量的原因,还有外部竞争的原因。当时,江西景德镇窑在制瓷工艺上有了新的突破,采用瓷石加高岭土的方法,提高烧成温度,减少器物变形,烧制出了精致大气的大型器。另外,青花和釉里红的烧制,以及高温烧成的卵白釉、红釉和蓝釉,结束了釉色主要仿玉类银的局面。从此,景德镇窑迅速崛起,成为全国的制瓷中心,产品畅销国内外。在激烈的市场竞争形势下,耀州窑青瓷销路逐渐减小,生产萎缩,被迫将用户群体转向社会底层,生产大众用的普通器皿。到元末明初,耀州窑青瓷便销声匿迹了。

晚宋到金代，耀州窑场的规模扩大到今属印台区的立地坡、上店和陈炉三地。在元末黄堡中心窑场逐步衰落之时，新创的三处窑场因原料和燃料充足，而处在上升时期。由此耀州窑中心窑场出现了东移，即由立地坡过渡，最后确立在陈炉一带。中心窑场的转变，给耀州窑的延续发展注入了新的生命力，在以新代旧的过程中，瓷业发展又焕发生机。

从窑址考古发掘资料来看，元末耀州窑在陈炉镇、上店和立地坡一带，已经形成了很大的生产规模，产品时代风格也比较明显，但与宋代耀州窑制瓷最辉煌的时代相比，无论在生产品种还是瓷器质量上都已不可同日而语。正如民国《同官县志》记载："同官黄堡镇瓷器，宋代早已驰名，即现代鉴古家所称之宋器，精巧绝伦。惜自金元兵乱之后，镇地陶场，均毁于火，遂尔失传……自黄堡瓷失传后，继起者为立地、上店、陈炉各镇，而立地、上店今已不陶，所存者惟陈炉耳。"

根据近年来的考古发现，《立地坡·上店耀州窑址》（耀州窑博物馆、陕西省考古研究所、铜川市考古研究所编著，三秦出版社 2004 年版）一书对民国《同官县志》的这段记载，进行了说明与更正：

若以黄堡、立地、上店、陈炉各地窑场发展的先后次序而言，以上文献的记载是符合历史的，然通过多年来对黄堡窑址的大规模科学发掘，以及此次对陈炉地区之立地、上店、陈炉三窑址进行的全面考古调查得知，《同官县志》的上述记载有需要更正补充之处。

需要更正的有两点。一是黄堡镇不陶的时间，不在"金元兵乱后"，而在明代中期。二是黄堡镇不陶的原因，不在"兵乱后，镇地陶场，均毁于火"，而因长期大规模生产，使地下浅层便于开采的原料和燃料已枯竭，不得不迁移到新的更有利于瓷业生产的立地、上店和陈炉去。

需要补充的是，并非县志中所记："黄堡瓷失传后，继起者为立地、上店、陈炉各镇"。而是在黄堡耀州窑制瓷工艺的传播中，立地、上店、陈炉各镇的制瓷业得以新兴。

在新兴的立、上、陈各镇瓷业中，立地和陈炉曾先后得以领先发展。而上店窑场，因其地理环境和交通相对差一些，不仅没能领先，还是三镇中最早停烧不陶的一处窑场。

从唐代萌生的耀州窑黄堡窑场，经历了五代壮大，宋代辉煌，金代延续，元代没落……回首而望，无论是深藏宫廷大内的熏炉，还是摆放民房灶头的茶壶；无论文人爱不释手的青瓷笔洗，还是农夫手中盛满饭食的粗瓷老碗，都没有贵贱高低之分，只是使用的场合和人群不同而已。但它们都凝聚了古代工匠的技艺智慧，浓缩了一段历史记忆，讲述了一个时代的风姿，也预示着未来浴火重生的新发展、新未来。

立、上二镇

「今来古往，物是人非，天地里，唯有江山不老。」耀州窑的陶瓷制造「江山」，也不是一成不变的。在黄堡窑厂之后，受水源、地形等的影响，耀州窑的烧制中心向立地坡、上店和陈炉转移，将传承上千年的耀州窑火种继续点燃……

耀州窑黄堡中心窑场衰败之后，附近的立地坡、上店、陈炉的瓷业先后形成规模。它们承接了黄堡窑场的衣钵，承担起延续耀州窑的重任。

从黄堡镇沿着山坡向正东而行，走出 30 里地便到了立地坡。上店则位于其东部 14 里处，两地仅有一山之隔。对于历史上立地坡和上店谁先开始制瓷，专家们曾有过争论。近年来考古工作者对这两处遗址进行发掘，发现前者始烧于北宋晚期，后者创烧于金代。如果从制瓷规模和延续时间而言，立地坡是继黄堡镇之后，耀州窑的又一处中心窑场。

立地坡坐落于一东西狭长的山梁上，东临石马山，居民聚集处古称"宝瓶堡"。此地宋代建镇，元代专烧大缸大盆，明代设置琉璃厂。堡子南北断崖上可见堆积较厚的瓷片、炉渣、匣钵等，釉色有黑、青、姜黄等。现今遗存有三圣阁、圣母殿、东西涝池、三眼古井和琉璃瓦遗址等。由于具有丰厚的历史文化遗存，2019 年，立地坡村被列入"第五批中国传统村落名录"。

立地坡虽说制瓷原料储量大、燃料充足、周围水源丰富，但因地处山区，地形复杂，交通不便，也为建窑烧瓷带来诸多不利因素。尽管如此，立地坡窑还是在黄堡中心窑场发展后期，逐渐发展壮大起来。

立地坡瓷业的兴起，还和山西省有一定关系。秦晋两地水土相连，文脉相通，互设商号，相互移民。这样一来，使得并汾之地有秦声、渭河南北有晋人。据民国《同官县志》记载，北宋时期，山西洪洞县十字坡的数十户居民，背井离乡，迁至立地坡东橡树岭北兴篷沟（今东山村），以业陶务农为生。元初，移民迁窑场于立地坡镇。该镇历经宋元明清四代，常住千余户，陶业持续兴盛，至清嘉庆（1796—1820）时停烧，延续900余年。

当地学者赵勃曾撰写《立地坡在铜川耀州瓷历史上的地位》一文，其中对鼎盛时期的立地坡镇描述道：

从东圣阁经西圣阁到榆树湾，越枣村过店上到九条湾，十多里长的街道上，繁花似锦。街道两旁店铺林立，生意兴隆。各窑销售瓷器的铺子以玄帝庙为中心，向东向西两边铺陈开来。昌盛窑商号为昌盛店，光朗窑商号为光朗店，坚久窑商号为坚久店，长盛窑商号为昌盛店，光朗窑商号为光明店，坚刚窑商号为坚刚店。各店陈设各窑的产品，真是瓷的王国，瓷的世界，琳琅满目，美不胜收。榆树湾到九条湾，到处是饮食店，贩卖瓷器的商贩就在客栈住宿。为了方便商户，有人还开了骡马店，专门迎候拉车的、有骡马的客户。各种百货店，杂货店，货铺子，向西到了九条湾，向东到了石板沟，绵延二十多里。

立地坡窑场的范围包括今立地坡村、东山村、枣村、马科（寨）村，窑场以立地坡村为中心，向四周辐射，上述每个村子有大小不一的陶瓷烧制区。其中东山村是立地坡窑场最早生产青瓷的地方。

东山村金代青瓷呈青绿色，间有艾叶青和天青色，主要以日常生活饮食器为主，兼有祭祀、寝室用具。其装饰手法以印花为主，刻花和划花不多。纹饰中植物花卉较常见。碗类造型收口、圈足、无眼圈。由于承袭宋代传统技艺，单钵装烧，制出的青瓷釉色纯正，胎骨坚实细致，绝少"泛黄"和烟熏，是上乘青瓷佳品。

随着立地坡陶业的兴起，东山村偏远交通不便的劣势凸显，陶工纷纷携妻带子移居立地坡。元代，立地坡窑场仍以青瓷为主要产品，夹杂烧制黑釉瓷、酱釉瓷和茶叶末瓷。由于金、元战乱，黄堡窑场的衰败，伴之陶瓷市场需求量的提升，立地坡窑场便加大窑床、火膛和烟囱，以缩短烧成时间，结果青瓷釉色普遍呈姜黄色。又因采用涩圈叠烧技术，使青瓷胎体变得粗重大厚起来。装饰以印花为主，纹饰日趋简单粗放，形象呆板，缺乏变化。

由于瓷业规模的不断扩大，窑业逐渐"工分三等，不得乱烧"。所谓三等亦称"三行"，即黑窑、瓷窑、碗窑。黑窑专烧各种黑釉杂件，瓷窑专烧各种瓮罐，碗窑专烧碗盏。各举行头，不得越轨，所谓"三行不乱"。黑窑和瓷窑分布于镇内，碗窑在今距立地坡村5里的马科村。烧制瓷器皆为粗瓷，质量比黄堡窑场逊色多了。

关中地区良田连片，浇灌便利，丰稔之年，运输和储存粮食的大容量器具往往供不应求。立地坡陶工为此创办大器窑，专门生产大盆大缸，贮放粮食。

大器究竟有多大？如今，陈炉镇枣村一村民家保存一口大盆，高80厘米，直径110厘米，可盛粮食一石五斗。大盆主人回忆自己家里原有两口大盆，比立地坡为秦王府造的这个还大。那口大盆能盛三石粮食或者坐四个人在里面摸牌。

制作这样的大盆，其制坯、烧制工艺必定不同寻常，可见当时陶工的技艺高超，不同凡响。

民国《同官县志》记载："元初有陈宗升，能造大缸大盆，每器可容粟三石有奇，为陶冶巨擘，其窑名大器窑。"据说陈宗升的瓷货店在榆树湾，位于街道首家，铺子高大宽阔，商铺门口摆着一溜子能盛三石约600斤粮食的大盆、大缸。

立地坡的大器窑，乃至后来的陈炉窑场，烧成了多少大盆大缸，今已无资料可考。可如今，只要到关中乡间随便转转，常能看到农户家中有一

立地坡明代秦王府造"秦府"铭文大缸

立地坡明代秦王府造"秦府"铭文大缸

排排存放粮食的大缸，能存放一石的大瓮比比皆是。早年的一些酱醋作坊，数十甚至百计的大瓮堆成一片，绝大部分都是立地坡、陈炉的产品。

曾经的立地坡除了盛产瓷器，还是陕西琉璃的重要产地。

琉璃早在战国时期就已经出现，是一种低温釉陶器，釉色有绿、蓝、紫、黄、红等。琉璃建材包括砖瓦、殿脊、鸱尾等，许多构件形体高大，做工精细，艺术品位很高。

立地坡的琉璃厂建于明洪武三年（1370）。明太祖朱元璋在洪武三年四月，封次子朱樉为秦王，同年七月，诏建秦王府。修建秦王府需要大量上乘的琉璃建材，因立地坡当时陶业正盛，优质黏土资源丰富，制陶工艺精湛，故皇帝下诏于此地建立"秦王府琉璃厂"，当年始烧，于明嘉靖十四年（1535）停烧，延续160多年。

秦王府琉璃厂位于立地坡村崇仁寺旧址周围，今村西的"西涝池"和村东的"东涝池"之间，几乎占据了立地坡村的一半土地，可见其规模十分宏大。明嘉靖三年（1524），明王朝决定重修

立地坡明代秦王府琉璃厂烧制的蓝釉龙纹琉璃滴水　　　　　　　　　　立地坡明代秦王府琉璃厂烧制的孔雀蓝釉团龙纹瓦当

秦王府承运殿及宫室，对百余年前的琉璃厂进行了重修，之后，又重修了
位于厂区内的崇仁寺。嘉靖十七年（1538）八月，崇仁寺重修竣工时，琉
璃厂的门正（司门的官吏）李文章奉命邀侍郎苏民撰写了《重修立地坡琉
璃厂敕赐崇仁寺下院宝山禅林碑记》，成为研究立地坡琉璃生产史的第一
手资料。

　　立地坡烧制的琉璃瓦构件有孔雀蓝釉板瓦、筒瓦、滴水瓦等，基本以
琉璃瓦为主导产品。当地琉璃以黏土和高岭土为原料，泥沙混合成型制成
厚约 0.2 米的坯胎，经 1100—1200 摄氏度火焰烧成素胎，施以铜蓝色釉再
二次烧制。其胎质坚硬，胎色较白，吸水率低，体大厚重，无龟裂。琉璃
瓦铺设的古建筑，历时百年，仍色彩鲜艳。

　　今陕西历史博物馆保存有秦王府的一座龙纹琉璃鸱尾，高约 2 米。其

左侧有一怒目圆睁的龙头,张着上下唇相距约1米的大口,露出雪亮的牙齿,颈部有粗大的鳞甲。另有一小龙,长约1米,张着嘴巴,扭曲着身体,摊开四肢。右侧也有一个龙头和一条小龙。整体为蓝色,浑朴晶莹,十分壮观。其工艺精美,为古瓷之瑰宝。

民国《同官县志》曰:立地坡窑场于清"嘉庆时停废"。败落原因,方志无载。那么原因是什么呢?回头揣摩,仔细分析,《重修立地坡琉璃厂敕赐崇仁寺下院宝山禅林碑记》中写道:"使后之窥伺是厂者,知天赐而不敢侵谋"。大意是,立碑的目的让企图占有琉璃厂土地的人,知道这是朝廷御用的瓷厂,打消妄图侵占的想法。这句话很有可能是立地坡窑场衰落的主因。

建在山岭之上的立地坡镇,地域狭窄,面积有限。明初,兴建的官办琉璃厂,挤占该镇过半的地方。这使得老瓷户无法扩大生产规模,新来瓷户又不能入镇建窑,只得移往上店、陈炉。

随着日用瓷器的畅销,陈炉、上店两镇的瓷器生产悄然兴起。秦王府和西安较大建设工程的陆续竣工,琉璃厂生产也随之陷入停顿,参加琉璃生产的窑工便加入了日用瓷生产行列。立地坡的日用瓷生产繁荣延续到了明末、清初,但琉璃厂的土地是官家所有,即便闲置窑工也不敢占用。所以,立地坡窑场逐步失去了竞争优势,营运举步维艰,勉强维持百余年,导致耀州瓷中心窑场再次转移。

上店村坐落于一南北走向的山梁上。西北距陈炉镇约 2.5 千米,西南距立地坡约 7 千米，南与富平县底店乡相接，北与育寨村隔沟相望。村庄周边沟壑纵横，群山环绕，石马山横贯东南部，金鸡山（也就是县志中误记的"金维山"）在其东北方，羊山在其西南面。

上店村古代曾设镇。旧时，老街道两端皆建有窑洞，是骡马店集中之地，也是同官县东南经富平通往关中东部的重要交通要道。

上店瓷窑分布于村庄周围山梁或山腰的缓坡地带，主要包括东坡、南头、干沟（西坡）等台地。以烧制黑瓷为主，青瓷为辅，纹饰仅为莲花和飞凤，对此，民国《同官县志》记载"制瓷颇粗"。

村子周围储藏大量的坩子土，且质量为铜川地区最佳。虽无大河，但多山泉，为建窑烧瓷创造了良好的条件。但由于受水源和地形的影响，陶瓷烧造区分布较为分散。据考古发掘，上店窑创烧于金代，鼎盛于元，衰于明。出土的陶瓷遗物中金代较少，元有所增加，明代最少。明代中期以后逐渐停废，上店也撤镇为村。

在考古发掘中发现，上店窑的明代瓷片标本属于明代早期，结合明末《同官县志》已无上店窑继续烧造的记载，可以推测出上店窑的停烧和废弃时间应在明代中期。那么，有无较为准确的具体时间呢？

上店村的一位老村民在接受考古队采访时，一席不经意的话，解开了其中的疑团。他转述从上辈传下来的话说，原来，上店西山半崖处有一股泉水，本来很旺，以后"地动"（大地震）了，泉水没有了，改道从山背后流走了。这里没有了水源，也就不再生产瓷器了。

在老村民的带领下，考古队在半崖下的废弃泉眼处找到了一处元代作坊遗址，并在泉眼不远处发现了一层厚厚的纯净瓷土堆积。这表明了老人所讲的传说，应该是真实的。查阅文献资料，关中地区在明代成化（1465—1487）、正德（1506—1521）和嘉靖年间（1522—1566）均有地震，特别是嘉靖三十四年（1556）的八级特大"华县大地震"，给整个关中地区带来了巨大破坏。再结合当地流传"地动了"泉水改道的说法，上店窑场停烧的时间大致可以推断为嘉靖年间。

立地坡、上店、陈炉3个耀州窑场之中，上店窑规模最小，烧造时间也最短。然而，该窑处在黄堡中心窑场向外传播发展的中间环节。在这个重要的过渡阶段，占据原材料和交通优势的陈炉窑场，成为陶工创业发展的理想之地，产销规模迅速扩大，成为新一代耀州窑的中心，使得耀州瓷的文化基因得以传承，技艺根脉得以延续，耀州窑系枝叶更加繁茂。

眷恋陈炉

「炉火杂陈，彻夜明朗」的陈炉窑火，被誉为古时『同官八景』之一。今天，保留传统烧瓷技术和浓郁民风旧韵的古村落陈炉，依旧是远近闻名的陶瓷生产基地。这里的窑工，让泥土在他们的手里得到涅槃般的锤炼和升华。

　　一团熊熊燃烧的炉火，生生不息，千年摇曳未灭，时至今日还在烧陶制瓷；一条古老的生产流程，从采石、风化、耙泥、熟泥、拉坯、上釉、描画，直至装窑、看火、出窑……至今仍旧保留"合土为坯，转轮就制"最传统的手工工艺；一座上千年的古镇，历经多次兵燹、年馑，没有成为残阳夕照下空旷、寂寥的废墟，依旧炉火照耀天地，赓续着千百人的生计，甚至发展成为西北地区有名的现代瓷业生产基地。

　　这座神秘古镇，就是陈炉镇。

陈炉陶瓷历史

  陈炉镇位于铜川北市区东南 15 千米处，地貌似一个窑炉，山峦围护像窑壁，底部平坦如炉膛。镇子山麓两侧各绕出一条街道，东为上街，西为坡子，路边分布着盘山梯居、层叠密织的大小店铺和高低民房。穿过小镇广场，走进蜿蜒曲折的街巷，沿途抚摸坛罐垒作的墙垣，轻踏铺满"瓷花花"（瓷片）的小道，欣赏古香古色的李家贞节牌坊、穆家石牌楼、静守堂大宅门、八大号旧址，环顾星罗棋布的近代陶瓷工业遗产与老窑场遗迹，目光停留在路边几株柿子树上，红艳艳、水灵灵的果实，如一盏盏小灯笼挂满了枝头……古朴与现代，恬静与诗意，庄重与灵动等元素，在此交错时空，情景相融，让人仿佛置身于陶瓷世界的天光云影之中，瞬间感受到前尘韶光的斑斓色彩，遥望到了古老瓷场悠远的历史印记。

元末战争中，地处交通要道的耀州窑中心窑场黄堡镇，因多次遭遇兵燹加之原料日益短缺，逐渐衰落下来。为了维持生计，众多制瓷工匠，离开漆水两岸，前往东部山区的窑场重操旧业，当时立地坡、上店、陈炉等地，已有成规模的陶业生产。随着新鲜血液的注入，先是立地坡崛起，接着上店兴起，最终陈炉后来居上，扛起耀州窑中心窑场的大旗，成为西北地区知名的陶瓷巨镇。

明朝初年，陈炉制陶居民达百余户，沿崖瓷砖甃洞而居，长达5里。遇年馑和战乱时，同官往往盗贼四起，民不聊生，陈炉居民因沿山崖稀疏而居，人心不安。嘉靖年间（1522—1566），知县彭好古省事爱民，教民农桑，劝民筑堡，以防盗患。随后，陈炉居民筑起南堡、北堡、永受堡，明末创建西堡（又名崔家堡，在永受堡北）。每堡占地数十亩，除南堡外，每堡有居民十至二三十家。四堡四方相向，各距三五里，互成犄角，拱卫镇周。

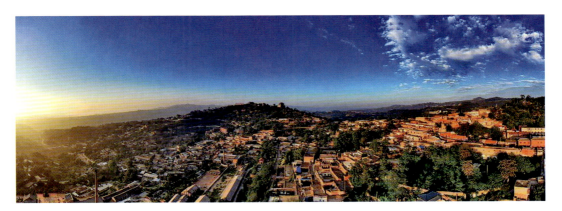

陈炉古镇远眺

陈炉古镇一角

平时是窑工居住之所，战时是御敌的坚固堡垒。

清乾隆时，陈炉陶场已东西绵延 5 里，居民 800 户，有陶瓷作坊百余家，年产瓷器 800 多万件。清光绪二十五年（1899），县府置陈炉镇。

陈炉陶瓷文化

陈炉二字拆开，"陈"为历史，"炉"是文化。旧时，这里的炉火昼夜不熄。一到夜晚，山峦之间便形成了灿若星河的陶冶夜景。如同明代《同官县志》描述："去县三十里，即陈炉镇也。其山自麓至巅，皆为陶场。土人燃火炼器，弥夜皆明，每值暮夜，远眺之，荧荧然一鳌山也。"

陈炉瓷业能够持续兴旺，依靠的是地下蕴藏的丰富资源，更依靠一代代能工巧匠和文人学士。能工巧匠塑造了一方土地的骨骼和皮肤，而文人学士用文化滋润了一方土地的血脉和灵魂。地方文化遍布乡间，滋养人心，是经济延续发展中最基本、最深沉、最持久的力量。陈炉地方文化绵长的根脉深扎于这片黄土地，吸收着悠久深厚的营养，在千年之间持续绽放异彩。

明初先后数次从山西向全国移民，这次移民对同官文化而言，意义巨大，影响深远。移至陈炉镇的崔氏家族、赵氏家族、梁氏家族等等，多从事农业或制陶，他们的后裔中，多人登科。他们著书立说，开办私塾，授课讲学，向百姓教授儒学经典，培养出了一批批优秀人才。据县志记载，山西移民来同官后，入庠中举之人日渐增多。清代同官县有六人考取进士，

耀州窑明代白地黑花花卉纹碗

耀州窑明代白地黑花鱼藻纹盘

耀州窑清代白地黑花婴戏牡丹纹瓶

其中陈炉镇独占四人。举人、贡生为数更多，是当地社会文化和经济发展的骨干和栋梁。

　　土与火交融的制瓷烧窑，看似是耍泥刀和摆弄煤铲的体力活，实则其背后有着强大文化的支撑。比如，一件陶瓷的外在装饰，反映的是当时的社会生活与风土人情，折射出当时人们的思想与观念。很多精品陶瓷正是由于承载了前人的审美理想、审美趣味而价格不菲。陶瓷文化的内涵，由此可见一斑。一件外形美观或做工繁复的艺术品，如果离开了文化或缺少了内涵也只是徒有其表。

　　陶瓷艺术是一门综合文化，涉及文学、绘画、书法等领域。陈炉古镇，因为在深厚文化的浸泡里沉淀并成长，有文化的氛围，所以才有生命，有生气，有灵魂，最终孕育了瓷器，瓷器又成就了文化。

　　2006 年，陈炉古窑址成为"第六批全国重点文物保护单位"。同年，

陈炉窑民国青花四方炉、香筒

陈炉"耀瓷烧制技艺"列入首批国家级非物质文化遗产名录。2008 年，陈炉镇被命名为第四批"中国历史文化名镇"，是陕西省第一个获此荣誉的古镇。

陈炉陶瓷技艺

陈炉家家世代烧瓷，人人善于制瓷。在山间沟梁中，男工匠手拿锹锨，取土浸泡，摔揉池泥，晾晒瓷坯，烧窑制瓷；走进宽大的瓷坊窑洞中，女匠人手持刻刀，低首扬腕，一抹一旋，一剔一挑，这些细致入微的才情和创造，赋予了陶泥柔情的外貌。

陈炉镇窑场的工艺流程，依据民国《同官县志》的记载和老工匠的回忆，结合如今制瓷遗风，生产流程大致如下：工匠们在镇子周围比较平缓处，事前建好圆形的耙泥池和方形的沉淀池；继而在镇南面的沙土梁上挖掘坩土，将其倒进耙泥池，注入清水；再围绕泥池用铁耙搅动，使得土与水融合成泥浆，静置沉淀；经过数次沉淀后，放掉池水，晾晒池泥数日乃至半月；挖出池泥，肩挑车拉，把银灰色面团似的陶泥运进作坊；工匠拿着铁铲用力反复摔揉陶泥，最终将其揉搓成质地均匀、手感柔和的坯泥，然后分割成一块块大小均匀的泥条。

陶工在石磨盘般的轮盘边，把泥坯放其上，把木棍插在磨盘边的小孔里，一手执棍上端，一手推转木棍下端，搅动轮盘飞速地转起来，依靠旋转的惯性，在转盘上开始制作瓷器。一块泥坯到了陶工手里，手随心动，

耀州窑原料开采想象图

耀州窑泥料制备想象图

现代刻花女

泥随手变，或立或仰，或鼓或收，时大时小，时高时低，魔幻般地变化着造型各异的形状。这是气力与耐心的高度统一，是灵性与技艺的巧妙结合，是心、眼、手三者完美配合的高超艺术。

　　做出陶坯之后，把它放在木板上，整齐摆放在窑前院后晾晒。陶坯干透后就要施釉，陶工将其伸进釉浆里，轻轻旋转，按照需要将釉料挂到不同位置。这些色彩各异的釉浆，或白或黑，或青或灰，是将矿物质依照一定的比例配制的，经过装窑火烧，表面会呈现各种鲜艳的色彩。

　　接着是在陶坯上雕刻，陶工手拿一把刻刀，凭着烂熟于心的艺术功底，在施好釉色的陶坯上，上下翻飞，刻划剔挑，泥渣在刀尖洒落，一幅幅富有民间文化气息的图案逐渐显于陶坯上。刻花之外还有绘画，古镇是一座没有院墙的美术工艺学院，作坊里随处可见的大姑娘、小媳妇，人人为师，她们提笔悬空，在陶坯写字绘画。或寥寥数笔，写出富含吉祥和谐的大字；或精心勾勒，画出狮戏绣球、展翅蝙蝠、雌雄双鹿等图案。

窑炉烧瓷要昼夜不断地向炉膛添煤，保证烈焰不息，且膛内温度平稳持久。经过近四五天的烧制，炉内火焰呈亮白色，用黄土制成的"测温堆"，即"药引子"，由外向里逐步熔化，这时停止加煤，让炉内温度自然下降。再等待数日，窑炉彻底冷却，就可开窑取瓷了。

陈炉旧时瓷业内部也有严格的分工，按照专业分为瓷户、窑户、行户、贩户四大类。瓷户专制坯，窑户专烧窑，出窑的瓷器由行户全部收买，再转卖给贩户，贩户再用牲畜驮瓷器到外地销售。

瓷户又分三行，有碗窑、黑窑和瓮窑。三行之外又有小窑，专烧酒具、茶具、玩具和花瓶等小件瓷器。这种分工是传承立地坡的旧制，即镇民所谓的"三行不乱"。现在旧有传统行规已被打破，但是工坊里，拉坯、修坯、绘画纹饰、施釉依然各有所职，有序分工协作。

从古至今，陈炉镇美轮美奂的瓷器屡见不鲜。1983 年，耀州窑博物馆在镇西南隅的陈炉中学附近清理了一处明代瓷器窖藏。窖藏位于学校操场的断崖旁，依山就势挖掘而成，形如土窑洞，高 2.02 米，宽 2.14 米，深 1.57 米，底部有一层柴灰，器物置于其上。洞内并排存放着三口粗瓷缸，中间

耀州窑明代黑釉双耳三足炉

的高 1.5 米，两旁的高 1 米，缸内分别放置茶叶末釉玉壶春和黑釉双耳三足炉。缸旁依次摆放着碗碟盏罐、高足杯、匣钵和砂锅等各种完整器具 69件，其中碗 33 件。瓷器多为姜黄色青釉，黑瓷次之，月白釉瓷最少。这批瓷器全部为生活实用器，全部素面无装饰。

出土的窑藏瓷器中的黑釉双耳三足炉，釉色纯正，光亮鉴人，它继承了耀州窑的黑釉瓷传统工艺。这种工艺一直沿袭至今，现在陈炉陶瓷厂生产的各类黑釉瓷器仍享誉中外，在欧美日等国格外受欢迎。

陈炉陶瓷变迁

陈炉镇窑场何时始烧？这是人们一直追寻的秘密。

明代《耀州志》曰："在（同官）县南四十里……旧有陶场（指黄堡窑）……今其地不陶，陶于陈炉，复庙祀德应侯如黄堡云"。清雍正四年（1726）《陈炉镇西社重修窑神庙碑记》称："同邑东南乡土少石多，大都以陶谋生。其先则始于黄堡，自彼窑厂废，而陈炉镇一方始习其业。"从这些记载看，陈炉镇是在黄堡窑场废弃后而"始习其业"的。

近年来，从考古发掘的瓷器实物证实，以上记载有所偏颇。在陈炉镇一带，发现了金、元、明、清陶瓷烧造遗址 30 余处，烧瓷窑炉 40 余座，作坊遗址和各时代文化堆积面 20 多处，采集和出土文物标本 1.5 万件（片），其中包括大量的元代黑釉和姜黄色青釉瓷标本。由此可以推断，陈炉窑创烧于金末元初，元代得到发展，烧制区扩大，明至清中期处于鼎盛期，晚清至民国初为工艺变动时期，民国中期逐渐衰败。中华人民共和国成立后陈炉陶瓷产业又得到提升，经历了从个体到合作社，再从合作社改为国有企业的历史。

创烧时期

金末元初的陈炉窑场中心区位于永兴（又作永受）和陈炉中学东侧的山坡断崖下，有瓷片、匣钵和炉灰渣文化层堆积，还有刻花、印花和细线划花装饰的青瓷。这些青瓷器的釉色、造型及纹样的风格特征，与黄堡窑瓷器相似。这表明了陈炉窑场是在黄堡窑的影响下进行生产的。初创时期的陈炉青瓷，除胎、釉和工艺不够精细，较为粗糙外，其他特征和风格与母窑产品基本一致或相似。

发展时期

元代时，陈炉窑场烧造区域的范围增大，制作地增多。所烧制的瓷器，以类耀州窑的刻花和印花青瓷为主，青瓷釉有青绿和姜黄两种色调。器内施满釉，器外多施半釉，腹下和底足露胎。印花青瓷较多，装饰纹样以植物题材为主，常见牡丹、莲花、梅花等花卉纹样。

元代早期，陈炉窑胎体上不加化妆土，全部采用单件烧，器内不见无釉涩圈。到了晚期，胎体上加饰化妆土，器内刮出无釉涩圈，装入筒形匣体内多件烧制。器物种类多见碗、盘、碟、洗等等。此外，还兼烧黑釉、茶叶末釉、酱釉瓷、白地黑花和白地赭花瓷。所绘的黑花赭花，多采用写意笔法，用笔简练，充满了大写意、大气象的动感。

鼎盛时期

明代陈炉窑仍烧造耀州窑风格的青釉印花瓷，釉色呈姜黄或青褐色，但外观较为粗糙，并逐步失去主导产品的地位。当时的主打产品已成为白地黑花、白地赭花瓷，同时烧制器内白釉、器外上白下黑的瓷器，还烧造白瓷、黑瓷、茶叶末釉瓷。器物造型以直口圆腹高足碗、敛口圆腹高足碗、敞口浅腹圈足盘、敞口弧腹内凹圈足盘为主。

这时纹饰风格发生了较大变化，多取写意笔法，黑花的纹样题材从初期较单一的植物花卉，发展到增加了动物、人物和"福""寿"等吉祥文字。宋家崖窑址出土一件明代白地黑花瓷罐，其绘画风格继承了元代晚期的特点。十分有趣的是，其罐壁上书写有"嘉请（靖）十年"的错别字。或许当时方言中"请""靖"读音不分，工匠便随意书写了。

清代是陈炉窑的产销兴盛期，不仅瓷釉品种繁多，器物种类丰富，造型式样形形色色，而且装饰手法千变万化。考古发掘发现此时堆积层特别

陈炉窑明代白地黑花瓷罐残片

厚，可见当时陈炉瓷器烧造规模宏大，所烧器物数量可观。

陈炉窑瓷器色釉品种，一方面沿袭了明代的白釉、黑釉、酱釉、茶叶末釉、白地黑花瓷以及器外施上白下黑两色釉瓷等；另一方面新创出与姜黄釉较为相近的香黄釉瓷、白地铁锈花瓷，还有内白外黄双色釉瓷、内白外黑双色釉瓷、香黄釉黑彩瓷等。产品种类以日常生活用具为主，有碗、盘、碟、盆、罐、盒、灯、炉等。

清代的不同时期，器物造型不尽相同，同一类造型器具，亦变化出不同的风格，如束腰碗，可分出三四个样式。除日用器具外，陈炉窑场还生产陈设器、供器、玩具、瓷雕等，其装饰手法有刻印、划剔、雕贴和彩绘等。特别是彩绘工艺，既承继了明代本地彩绘瓷中的写意笔法，又采用了工笔画的写实手法，有时还将两种笔法结合起来融合在对同一器物的描绘中，体现出窑工独具匠心的美感。

工艺变动时期

从清代晚期到民国初期，是中国社会的重要

变革时期。此时中华大地风尚新旧并存，但是鼎新革故的潮流风气，涉及领域广泛、气势之大是历代鲜见的。在如此大环境下，陈炉窑工接收新风尚，吐故纳新，不断推出新瓷釉品种、新器物种类和新装饰题材。

一是独创双色釉装饰手法。它是以香黄为底釉，再采用开光形式表现出明亮透明的白釉，并取黑彩和青花装饰在白釉表面，从而将浓重和淡雅两种风采优美和谐地集中在同一件器物之上。

二是创新出特有的蓝花装饰工艺。在引进景德镇窑青花瓷技术的基础上，陈炉窑烧出了土青花，当地称"蓝花"。蓝花是以氧化钴加釉药作为彩料，釉上绘花而成。它虽比不上景德镇青花的细腻高雅，却以质朴清新的民间韵味，备受当地百姓的喜爱。这种蓝花装饰艺术，既有酷似泼墨的山水画，概括写意的虫鸟花卉，又有以物寄情和神话传说的题材，形成了本地独有的"蓝花"艺术风格。

三是烧制大量新的器物种类。有汤盆、酒精灯、鸡娃形矿灯（俗称鸡娃灯）之类近代生活和生产所用的物品，还有鸦片烟葫芦、烟灯、烟筒之类烟具。

四是出现新的装饰题材。一大批器物上署有年款或书写谚语、谜语、对联之类文字，如"义高千古""天鉴在兹""神之格思"，"田字不出头，不改甲申由，壹笔改成字，便是神仙手"等等；同时出现了用以表现历史事件的题字，如"清朝灭亡""民国成立""提倡国货""开展新生活"之类。这一时期大量的新产品由于有纪年、诗歌和其他文字，成为研究铜川地域

陈炉窑民国白地青花瓷枕

陈炉窑民国白地黑花罐

文化的重要资料。

譬如，一件清代光绪年间（1875—1908）的白釉虎耳青花瓶上书写一首诗，是宋代程颢的《春日偶成》，很有警世的意味："云淡风清近午天，傍花随柳过前川。时人不识余心乐，将谓偷闲学少年。"

一件白釉青花鱼耳瓶上，题写给予少年的希望："从小需勤学，文章万事高。满朝显富贵，尽是读书人。"

一铁锈花方尊上，也刻有一首劝学诗："少年读书不用心，不知书内有黄金。早知书内有黄金，夜点明灯下苦心。"

衰败时期

民国中期，陈炉瓷业开始衰败。1941年，陈炉镇仅有瓷窑40余所。其中，作窑121家，黑窑11家，瓮窑39家，碗窑71家。当时陈炉窑场生产工艺普遍沿用古法，生产效率低，瓷器粗笨，导致产品市场竞争力差，销路不畅，窑场生产艰难。面对陈炉瓷业的惨淡经营，民国《同官县志》也感慨道："惟本镇之瓷，制者只求数量之加多，不究品质之改进，因缺指导专才，遂无试验工作，故陇海铁路既通，外瓷流入，销路悉被剥夺，瓷业几至停顿，镇民疾首蹙额，咸感失业之虞。嗣以抗战军兴，东路阻滞，本镇之瓷，复见活跃，但此不过短时之现象，仍当为长久之企图耳。"

提升时期

中华人民共和国成立后，社会主义建设蓬勃发展，陈炉窑工按照居住地段，成立了7个瓷业生产合作社和2个工农社，瓷业资产作价入社。此时烧制仍为粗瓷，但釉面光亮润泽，以铁锈花为装饰，图案朴素豪放，乡土韵味浓厚，为关中人喜爱。此外，有部分瓷器使用青花料在瓷器上作画，为今人留下不少艺术佳品。20世纪50年代，青壮者上识字班学文化，将所学所知书写在瓷器上，如"解放纪念""反对浪费""厉行节约""抗美援朝""保家卫国""世界和平""男女平等""婚姻自主""好好学习""学好文化"等文字，也有"拉牛入社"等图案和纹样，具有鲜明的时代特色。

1958年成立了陈炉陶瓷厂，主要烧制耐火砖、

陈炉窑近代白地青花塔形罐

电用瓷头、夹线板等，为工业生产服务。20世纪70年代，陈炉陶瓷厂突破以黑白釉为主的粗瓷传统生产，恢复生产精品青瓷，古瓷重现风采，名瓷再展雄风。80年代，陈炉窑开创了橘红釉，颜色釉和黑白剔花系列工艺瓷恢复生产，陶艺小品也随着时代潮流应运而生。其仿宋耀州青瓷产品多次在国内外展出，并被轻工部（1954年撤销）评为出口产品银质奖。《人民日报》在专题社论中，对耀州瓷大梅瓶、刻花品碗给予赞誉，这标志着陈炉陶瓷再度进入辉煌时期。1990年以来，随着先进梭式窑炉的建成投产，陈炉陶瓷厂生产出1.5米高的特大世纪杯、世纪钟、大龙瓶、玉壶春瓶、0.48米口径的刻花碗、倒灌壶等大型精品。

进入新世纪，陈炉陶瓷产业以窑工家族传承为主，王家、李家、许家等家族均有自己的专销店和作坊。截至2020年底，陈炉镇有国家级、省级和市级工艺美术大师24人，省级、市级和区级非遗传承人7人，陶瓷烧制人才众多，非遗项目保留完整。此外，镇上每年举办民间窑神祭祀、民俗文化表演、陶瓷技艺大比武、陶瓷奇石书画展览、文化采风、摄影大赛等陶瓷文化旅游活动。

一转千年，正是由于一代代陈炉工匠的执着守望，以及以薛东星为首的考古人挖掘研究，重塑了耀州瓷文化，瓷韵得到流芳，炉火生生不息。陈炉，这一颗时代眷顾下的明珠，传承经典，绽放时代光芒，在新时代再次创造出了"炉山不夜"的盛景。

瓷行天下

早在新石器时代，我国已有陶器的身影，商周时期，具有瓷器性质的器具也已出现。后人不断改进工艺技术，使中国的陶瓷工艺在很长一段时间都处于国际领先水平。各个窑厂不断改进烧造技术，互相模仿、各取所长，逐渐形成庞大的瓷窑体系。

　　被后世誉为"中国北方青瓷代表"的耀州窑，北宋时虽然也烧制贡瓷，但产品主要销往民间，属于民窑典范。它以明净青绿的釉色、高超的刻印花装饰工艺，以及丰富多样的器物类型，成为全国众多陶瓷业学习的榜样。各地窑口匠人前来取经，耀州窑名师赴各处传授技艺，逐步形成了一个连接南北，横跨东西，风格独特的耀州窑窑系。代表性窑场有河南的临汝窑、宜阳窑、宝丰窑、新安城关窑、禹县钧台窑、内乡大窑店窑、当阳峪窑，甘肃安口窑，陕西旬邑窑，广东西村窑以及广西永福窑，等等。

临汝窑青釉印花缠枝花卉纹碗

临汝窑

　　临汝窑以产地河南临汝县（今汝州市）而得名，始烧于北宋中叶，兴盛在仁、英、神三宗时期，延续至金元。宋时该窑场分为两大类，一部分烧制宫廷用瓷，即为赫赫有名的"汝瓷"，产品数量少且工艺精湛；一部分烧制民间用瓷，生产时间长，数量多，陶瓷质量也较好。今称第二类民间陶瓷为"临汝窑"。

　　从目前的研究成果可以看出，北宋早期，临汝窑学习和借鉴了耀州窑的器物造型和装饰手法，如豆绿釉瓷的刻花、印花，都带有耀州窑的影子。而到了北宋晚期，临汝官窑釉质和釉色得到改进和提高，此时它作为御用瓷的代表，是其他窑口争相效仿的对象，耀州窑接受了其部分影响，也在情理之中。

宜阳窑印花青瓷

宜阳窑印花青瓷

宝丰窑黑釉油滴盏

宝丰窑天蓝釉刻花鹅颈瓶

宜阳窑

宜阳窑位于宜阳县西 1 千米的二里庙和三里庙等处。该窑一般施釉较厚，器表除去素面无纹者外，刻花和印花占多数，还有少量的划花或刻、划兼作，以及刻、划、剔等技法并施的。在装饰纹样中以花卉为主，另有海水鱼纹等图案。此窑的刻花工序一般是先刻出花叶轮廓线，再篦划花筋叶脉，风格与耀州窑相同。宜阳窑的烧制时间在宋熙宁之前，即公元 1068 年之前。

虽然目前在陶瓷学术界普遍把宜阳窑所烧瓷器定为汝瓷系列，但也有学者认为，汝瓷属于宜阳窑系列。因为宜阳官窑的初始时间不晚于宋神宗熙宁元年（1068），而汝瓷肇始于宋哲宗元祐元年（1086）。此外，汝窑范围并非局限于汝州，而是分布在邻近地区，之所以称"汝窑"，是此地先烧瓷器，其工艺之初应来源于宜阳窑。

宝丰窑

宝丰窑位于宝丰县西 20 千米处的大营。烧瓷品种有青釉、白釉、黑釉、绿釉、酱釉、三彩、钧釉等。青瓷质量较好，造型、纹饰与耀州窑近似。青釉印花碗较多，纹饰主要有缠枝菊纹、菊瓣纹、海水鱼纹、海水螺纹、莲纹、分格折枝花纹等，还有其他窑所未见的海水船纹。刻花装饰见于盘、瓶、器盖、碗上，有刻线纹、刻菊瓣纹。划花装饰有花卉、划花间篦划纹。青釉光素器物中的厚唇小足小碗，与耀州青釉小碗很相似。还有的碗内饰 5 至 6 条线纹装饰，这类碗在耀州窑很常见。

新安城关窑

新安城关窑位于新安县城关，已发现遗址十余处，是一处制作工艺水平较高的窑场。烧瓷时间历经宋、金、元三代，所烧器皿有盘、碗、炉、

新安城关窑珍珠地划缠枝花卉纹元宝形枕

新安城关窑珍珠地划缠枝花卉纹枕

禹县钧台窑丁香紫出戟尊

瓶、罐等。宋代烧造青瓷以印花装饰为主，其中缠枝菊纹布局与耀州窑相
同，盛开和半开的花朵错落排列、疏密得当。印花纹饰还有卷草、水波游
鱼、水波田螺、莲池鸳鸯、游鸭、婴戏、海石榴等，题材丰富，装饰精美。
刻花青瓷虽数量不多，但工艺造型风格均与耀州窑类同。

禹县钧台窑

禹县钧台窑位于禹州市北门里。钧台窑形成时间比耀州窑、定窑、磁
州系晚，但延续时间较长。北宋末年，该窑的工艺技术已臻完善，以烧制
紫红釉"钧瓷"而闻名。后人常借用"夕阳紫翠忽成岚"的诗句，用来形
容钧瓷色彩微妙、窑变灵活之美。其除烧制少量的碗、盘等日常生活用器，

内乡大窑店窑青盏

大多是为满足宫廷需要而生产的各式花盆和与之相配套的盆奁、出戟尊、奉华尊等陈设瓷。同时，烧制的印花青瓷与耀州青瓷类似，纹饰主要有缠枝花卉、水波鱼纹等。

内乡大窑店窑

内乡大窑店窑位于内乡县城西大窑店村，宋时属邓州，文献故称"邓窑"。始烧于唐，兴盛于宋，金元时继续烧造。宋代以烧青瓷为主，器皿多盘、碗。装饰以印花居多，多见缠枝菊纹、缠枝和折枝牡丹纹。另有极少数刻花、划花器。刻花以碗内满刻细长菊瓣纹为多，碗外无线刻纹的特点与耀州窑有别。

当阳峪窑

当阳峪窑位于焦作市修武县西村乡当阳峪村,南距焦作市区 3 千米,又称为修武窑、怀庆窑、河内窑等。该窑从唐代开始烧造瓷器,到北宋后期达到高峰,金代继续繁荣,元代中期始渐衰落。主要烧制碗、盘、盏、盆等生活用品,兼制花瓶、花盆、鼓凳、动物俑等陈列品,以及砖、瓦、板瓦、筒瓦等建筑构件。所烧器物以剔花品种最负盛名。

20 世纪 50 年代,陈万里先生在当阳峪一座残破窑神庙里,发现了一

当阳峪窑白釉剔刻花瓶

当阳峪窑酱釉尊

甘肃安口窑青花油盏　　　　　　　　　　　甘肃安口窑民国琉璃瓷鹦鹉烛台

通立于北宋崇宁四年（1105）的《德应侯百灵翁之庙记》碑。碑文记载了当阳峪制瓷业的兴旺发达以及其与耀州窑的密切关系。

甘肃安口窑

　　甘肃安口窑又称华亭窑，位于华亭市东部的陇山深处。明清两代文献著录均有记载，顺治抄本《华亭县志》镇堡条中记有"……东南二十五里曰舆山堡……安口镇出瓷器"。安口窑兴于唐，宋元时期烧造黑釉瓷、铁锈花瓷和青瓷，宋金时仿烧耀州窑风格的印花青瓷。

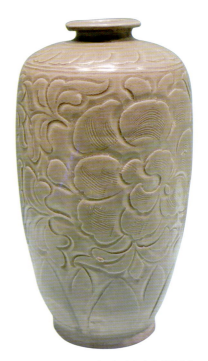

陕西旬邑窑青釉刻花执壶　　　　　　　　　　　陕西旬邑窑青釉刻花梅瓶

陕西旬邑窑

陕西旬邑窑又称安仁窑，位于旬邑县城南 1 千米处的安仁村。窑址西邻三水河道，东依高塬，东南方距黄堡镇仅 65 千米。宋代器物有碗、盘、壶、瓶等，碗形有多种，内外施满釉，以青釉多见，有青中闪绿，也有泛黄的。纹饰简单，内腹划直线、弦纹，个别的外腹有花卉纹。黑釉与酱釉碗多为素面。金元时仍以烧造青瓷为主，黑釉、酱釉次之，主要烧制民间日常生活用品。装饰手法主要为印花，纹饰有折枝牡丹、交枝牡丹、缠枝牡丹、水波莲花、双婴莲花、花草奔鹿、游鸭鸳鸯纹等。其产品与耀州窑器有很多相同之处。

北方地区的耀州窑系所产瓷器，均与黄堡中心窑场的产品相似，由于各窑所用原料有差别，胎质与釉色稍有不同。

华南地区的耀州窑系各窑，与黄堡中心窑场相隔万水千山，但这不影响耀州窑制瓷技艺的传播，甚至有学者认为岭南窑场印花所用的印模就来自耀州窑。北宋时期，耀州窑刻花青瓷在外域备受欢迎，需求量大增，然而窑场地处内陆，交通运输不便，于是沿海地区应运而生了多个窑场，仿烧外销品，满足海外市场。

广东西村窑

广东西村窑窑址在今广州市西村增涉河东岸的岗地上。遗址南北长约1千米，残存的3处堆积以皇帝岗的最大。西村窑烧制始于晚唐，盛于五代和北宋，被誉为"广东四大名窑"之翘楚。其瓷器胎灰白，青釉为主，有青白瓷、青瓷及黑瓷三种。纹饰以印花为主，题材多采用耀州窑风格的缠枝菊、水波纹等。器型和种类也与耀州窑相似，只是釉色偏黄，且胎质疏松。产品主要输往南亚各地，很少在国内流传。近年在西沙群岛及东南亚地区都有出土，印度尼西亚、菲律宾等国保存有不少传世品。

广西永福窑

广西永福窑位于广西永福县南2千米的窑田岭。以烧青瓷为主，有刻花与印花两种装饰，有碗、盏、盘、碟、壶、罐、瓶、盂等器物。器物总

广西永福窑青釉彩绘花腔腰鼓

广东西村窑印花碗

体造型、釉色以及印花装饰与耀州窑风格极为相似，其中印花缠枝菊纹饰风格极具代表性。永福窑也是凭借靠近海岸的交通优势，仿烧耀州窑青瓷专供外销。

    总之，耀州窑影响了古代中国南北方的众多窑场，形成了一个巨大的青瓷窑系，其独特的图案装饰，在古代装饰艺术中影响极大，为我国陶瓷史留下了成绩辉煌的一页。

凤凰重生

千年炉火，或熊熊燃烧，或荧荧闪烁，目送耀州窑的瓷器翻山越岭，穿江过河，走进千家万户。新中国成立，耀州窑也在连年战乱后迎来涅槃重生，惊艳世人的耀州窑遗址、规模宏大的耀州窑博物馆，终于将耀州窑的层层神秘面纱揭开……

元末明初，耀州窑黄堡中心窑场衰败了。清代耀州窑仅存陈炉镇的瓷业在苦苦支撑，且濒临停废的边缘。1931 年开通咸榆公路与 1939 年修建咸同铁路时，在黄堡遗址区出土了大量瓷器标本，这引起了大众对耀州瓷的关注。

1940 年 5 月，黄堡镇建立新新实业公司瓷器厂，采用新式设备和工艺，生产日用瓷、耐火砖。但因战乱，瓷器厂销路滞塞，业务不振，加之每窑损坏均为十之六七，故生产销售停滞不前。

新中国成立后，党和人民政府十分重视耀州窑遗址的保护和考古发掘工作。从 20 世纪 50 年代起，先后组织了三次大规模的发掘，

耀州窑博物馆外景

面积达 12 000 平方米。迄今共出土各个历史时期的文物标本百万件；历代
瓷窑 100 多座、作坊 100 多个。这是我国目前发掘面积最大、出土文物最
多的古陶瓷窑场遗址。

耀州窑博物馆

　　耀州窑博物馆建在黄堡遗址旁，占地面积 46 000 平方米，建筑面积
6800 平方米，陈列面积 4800 平方米，馆藏文物 50 多万件（片）。馆内陈
列展出遗址出土和征集的传世耀州瓷共千余件，其中国宝级和国家一级文
物 137 件。展览中模拟复原的场景有"十里窑场"盛况、"炉山不夜"、
古代制瓷工艺流程演示、窑炉内部烧造结构、祭窑神、耀州瓷与民俗特展等。
它是全国规模最大、文化内涵最为丰富的陶瓷专业博物馆，是中国古陶瓷
研究的重要场所。由于它展示了大量与陶瓷有关的民俗文物，展现了古今
陶瓷生产民俗，因此也是一座重要的民俗博物馆。

陈炉古镇民俗广场上的公道杯

　　耀州窑遗址的发掘和耀州窑博物馆的开馆，极有力地推动了铜川市陶瓷制造业的发展。1977年，陈炉陶瓷厂开始仿制耀州青瓷，使企业发生了脱胎换骨的变化。如今，铜川市又雨后春笋般出现了许多文物复制工厂、仿古陶瓷厂。

　　耀州窑博物馆展出的重要文物，如青釉雕花倒灌壶、青釉刻花玉壶春瓶、双凤壶、婴戏葡萄纹瓶、飞龙天子壶等，成为各类陶瓷工厂争相仿制的对象。有些工厂的产品，其造型、剔花和刻花工艺、釉色等均得到专家的充分肯定，并多次获奖。1994年初，美国总统老布什访华，被耀州窑产品吸引，

耀州窑现代生产场景

专门订制耀州窑金婚纪念盘，并要求将完成的产品寄往美国华盛顿总统府。2015 年 5 月 14 日，印度总理莫迪访问西安时，我国领导人送给他的国礼，就是青釉雕花倒灌壶。

进入新世纪，耀州瓷"十里窑场，千年炉火"已成为铜川的金字招牌和城市名片。以耀州窑为核心的陶瓷产业也是铜川市委、市政府特别关注的全市五大传统产业之一。为此成立的耀州窑文化基地管委会，经过多年发展，现下辖 34 家各类企业，并形成了北部新型建材产业、南部耀州瓷研学旅游产业、东部先进陶瓷产业、中部传统陶瓷暨商贸产业四大支柱板

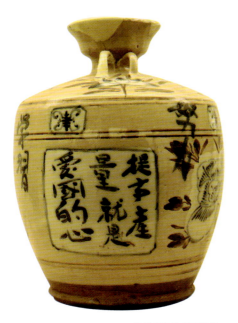

陈炉窑近代题字瓷器

块。2020年，基地成功创建首批陕西省文化和科技融合示范基地、陕西省文化产业"十百千"工程重点文化产业园区。耀州陶瓷工业遗产群也被国家工业和信息化部认定为第四批国家工业遗产。

在黄堡镇漆水河西岸，耀州窑文化基地管委会将规划建设占地面积2.7平方千米的耀瓷小镇，其中包括耀州窑博物馆、耀州窑遗址公园、大师创意园、窑神庙、游客服务中心、耀瓷坊中小企业孵化基地、耀瓷印象街区、瓷韵绿园健身运动公园、十里窑场遗址9个旅游板块，将会再现耀州窑千年底蕴及现代风姿，让人们近距离了解耀州瓷的过去与现在，感受匠心与传承的推力。

距离黄堡镇正北5千米处的王益经济技术开发区，建有"火凤凰"耀州官窑基地，这里是西北地区最大的集工艺体验、文化交流、旅游休闲于一体的耀瓷文化体验中心。内有耀州瓷文化展厅、瓷艺坊、书画室和陶瓷生产加工车间，四周草木生辉，环绕白墙黛瓦、飞檐翘角的古式建筑群，文化气息浓郁。

·洛阳唐三彩蓝釉侍女俑

下篇

5000年来，华夏九域的每一座大山，每一条长河，或者说每一处区域，每一个时代，都曾创造出缤纷多彩的文化成果，无不蕴藏着丰厚的历史记忆。散布在这片广袤大地上的各种文化遗产，承载着丰富的科学信息、文化精神和社会认同，使我们更加清晰地了解中华文化的发展进程。

回望古陶

陶瓷是陶器和瓷器的总称，两者有先后之别，人们约在 8000 年前的新石器时代就发明了陶器。唐代黄堡能够立窑制瓷，并不是突兀出现的事，而是有着循序渐进的历史脉络承接的。

贴塑壁虎纹罐

自古以来，中国人将龙视为自己的始祖，将其作为本民族的图腾。但龙不是一种真实的动物，只存在于人们的传说和想象中。这样一来，龙形象的形成，便成了许多学者笔下的课题。极少有人知道，中国最早的龙造型就出现在铜川市王益区的王家河街道办事处。

20世纪80年代初,陕西省考古队来到铜川王家河的前峁遗址采集标本,无意间发现了一件陶罐。陶罐高约17厘米,口径14.2厘米,束颈鼓腹、双耳灰色。一个"人首龙"堆塑浮雕,粘附于器壁上侧。人首有深深的眼眶,高耸的鼻梁。龙身如同蜥蜴,四肢扭曲,尾巴用力摆动,所饰方格纹如鳞甲。在远古人类眼中,这是一件能够达地通天的灵物。这个陶罐后来被学术界称为"贴塑壁虎纹罐"。这件文物的问世,为史书所描述的众多神话,提供了实物依据。

据先秦古籍记述,华夏民族传说中的始祖伏羲、女娲,都是人头蛇身。此外,还有古籍认为传说中的龙是蜥蜴的一种。由此,有人认为,王家河出土的这一件陶罐上的壁虎纹贴塑，是中国现存最早的人首龙身造型。它证明了，远在六七千年前就出现了龙的形象。贴塑中的人头，应是部落始祖的造像，龙是该部落的图腾。在这一意义上，人首龙身的性质和古代埃及帝王陵墓前的人面狮身像类似。

1971年，在内蒙古赤峰红山出土了一件大型的碧玉"C"型龙。它是红山文化玉器的代表，被考古界誉为"中华第一龙"。其形象被屡次刊载在各种媒体之中，广为人知。但这条龙虽然有蛇身，头却是野猪的。有学者认为，它是北方游牧民族崇祀的一种神灵，而不是农耕文明的产物。

也许，中华龙有不止一个源头，"人首龙"和"猪首龙"都是其中之一，但前者对后世影响更大。这一点，上面引用的历代文献就可以证明。所以说"人首龙"才是中国龙文化之主流，王家河出土的陶罐贴塑龙形象，才是真正的中华第一龙。

人面纹葫芦瓶

华夏大地似乎有"崖"的地方，就隐藏着种种不解之谜。譬如贵州关岭的"红崖天书"，重庆石柱"千座崖棺"，山东章丘城子崖墓葬，等等。20世纪70年代，铜川市王益区黄堡镇吕家崖出土了一件仰韶时期的彩陶瓶。它的造型和图案充满了神秘古朴的气息，散发着抽象艺术的魅力，凝结着先民对自身和外部世界的思考和感受。

这件彩陶瓶通高35.6厘米，口径4厘米，底径11.2厘米，直口、束颈、

铜川博物馆藏仰韶时期人面纹葫芦瓶

鼓腹，平底，呈葫芦状。口至颈上部施黑彩，颈下部绘有四个等距的黑色圆点，尤为奇特的是腹部一周，勾画着由圆点、弧线、三角等组成的四个黑色纹饰。图案均弯眼阔嘴，圆弧形身躯，面目似人非人，表情似笑非笑，整体造型古怪夸张，令人不解其意，捉摸不透，如同三星堆的铜面具。相关文物书籍标注其为"圆点几何纹葫芦瓶"，亦称"人面植物纹彩陶葫芦瓶"。

葫芦有大量乳白色的种子，在古人眼里象征着"多子"。在原始社会里，食物匮乏，疾病肆虐，生存环境恶劣，人口增长率极低。要保持一个家庭或部落的延续，把血脉和文化传承下去，就得子孙众多。多籽的葫芦，正好符合先民期望多子的心理要求。随着时光的推移，人们又不断赋予葫芦新的寓意——民间传说认为，开天辟地的盘古、补天造人的女娲、推演八卦的伏羲等先祖，都是葫芦的化身，包括孟姜女也是从熟透裂开的葫芦里诞生的。

漆水河边的先民们，看着一尾尾鱼儿，披着各色美丽的鱼鳞，穿梭般交织往来，矫健地上下

国家博物馆藏半坡人面鱼纹彩陶盆

翻腾，这是他们重要而稳定的食物来源！数量众多、繁殖能力极强的鱼儿，自然让先民们联想到了人丁兴旺和连年丰收。久而久之，鱼被神化，成为一些氏族部落的图腾，并被描绘在陶器上。

初期的仰韶陶器鱼纹写实性很强，一眼就可以辨识，如我们所熟悉的西安半坡人面鱼纹彩陶盆。盆壁所绘人面闭目，鼻梁挺直，嘴巴两侧衔着两条大鱼，耳朵左右对应两尾小鱼，整个画面自然流畅，极富动感，构成了一幅栩栩如生的人鱼合体图。这个阶段的鱼纹陶器都具有个性，每件绘画都有独特的表现和创意，展现出了自然状态下鱼类畅游于水的万种风情。

后来，器物上绘制的鱼纹图案开始简化，从头部开始，继而鱼身、鱼鳍和尾部。也就是说，写意表现手法逐渐取代了写实风格，图案越来越抽象化、几何化、拟人化，鱼的形象变得不易分辨。

从吕家崖彩陶葫芦瓶的制作和绘画风格来分析，应为仰韶史家类型，年代要晚于半坡类型。它的瓶面下部两侧所绘的半圆形，表现鱼唇的左右边界及两腮；主体图像两目上端有一眼睛似的造型，这实际是鱼的额头中心位置；头部往后变得窄起来，这显然是表示鱼身。那些奇怪的几何线条，看似人面，其实画的是一条瞠目张腮的大头鱼正视图。

一个藤蔓上随风晃动的葫芦，一条清水中晃动尾鳍的鱼儿，被先民视为氏族图腾所崇拜。先民将动植物这种强大的生育自然力，转化为对部族将来的期盼，并寄托在烧制和描绘好的葫芦瓶上。今日，当我们轻轻拨开笼罩其上的迷雾，不经意之间，窥到了中国文明破晓时分的一束绚丽光芒，也触摸到了中华民族历经苦难、千年屹立的根本。

彩绘茧形陶壶

漆水河畔矗立着一座古陶瓷遗址专题博物馆——耀州窑博物馆，馆内珍藏着一件彩绘茧形陶壶，它是陶瓷、丝绸两大文化的复合载体。该壶高约25厘米，腹径27厘米，地径9厘米，器皿上部敞口细颈，宽折沿，高圈足外撇，腹部形如横卧的蚕茧。壶外用朱红、褐、黄、白等彩绘勾勒出鲜亮的弦纹、流云或几何纹，犹如一匹华丽的丝绸锦缎在壶上敷缠，给人

耀州窑博物馆藏战国彩绘茧形陶壶

以古朴、庄重和绚丽之感。

　　彩绘茧形陶壶最早产生于战国时期的秦国，为秦国标志性器物。伴随着秦统一六国的战争而东传。盛行于西汉，在东汉之后逐渐消失。茧形陶壶具有贮水和侦听两种功能。首先，西北地区少雨干旱，河流稀少，秦人便制作陶壶储水，以备使用。再则，有史料认为茧形陶壶是侦听器。东周时期，诸侯争霸，战争频发，秦国将士在壶里注满水，置于地面。根据水纹的变化，可以判断敌军动向，随时准备迎战。随军携带的茧形壶必定是铜制的，陶壶放置在颠簸的战车和奔跑的战马上，很容易因碰撞而破损。

清代《修蚕神庙碑记》残碑

古代先民在制作陶器时，时常将身边所熟悉的动植物描绘在器物表面，或者仿制其造型，茧形陶壶就属于后者。众所周知，地处黄土高原，深居内陆的秦人擅长牧马驾车，但历史上的秦人也善于养蚕制丝。

黄河流域是中华文化的发祥地之一，也是桑蚕业的中心地带之一。原始社会，人们就懂得采集野蚕茧制丝。20 世纪 60 年代，考古工作者在甘肃临洮齐家文化遗址中发现几件绘有蚕纹的陶罐，它们可能是先民采集野蚕茧的容器。相传在 5000 年前，北方部落联盟首领黄帝的妻子嫘祖，驯化野生蚕，将其移入室内饲养，民众纷纷仿效。这是华夏养蚕业的开端，后人尊嫘祖为蚕神、丝织业始祖。1976 年，秦咸阳宫遗址中出土的锦、绮、绢等质地的丝织物，印证了关中蚕桑业发展之早和水平之高。

古代诗歌里流传的养蚕诗句，也证明了黄河流域植桑、养蚕风气的浓厚。随着气候变化，耕种习惯的改变，现在渭北一带鲜有成规模的养蚕业。但是历史痕迹并未磨灭，民俗中还有多条旧时养蚕的谚语，例如："养得一季蚕，可抵半年粮""种得一亩桑，可免一家荒""春蚕宜火，秋蚕宜风""大麦发了黄，农家养蚕忙"等。

铜川位于关中北部，历史上也是种桑养蚕的兴盛之地。清康乾时期，今印台区尧科村庙坡建起一座蚕姑庙，祭祀嫘祖，这是当地农业史上一件大事，也反映了当地对发展桑蚕业的重视。

铜川的桑蚕业虽已成为历史，但今日王益区、耀州区民间仍流传有秦绣技艺。妇女们在素纱的底料上，采取纳纱绣和穿罗绣两种针法，刺绣出"凤

耀州窑三彩院落

凰和鸣""彩云福禄"等吉祥图案。秦绣大气质朴，图案艳丽，从中可以感受到古代关中民俗之遗风。

在上古神话中，世界上本来没有人。大神女娲嫌冷清孤寂，灵机一动，用泥土仿照自己的形象制作了"人"，进而创造了人类社会。又传说在几千年前，有一场雷电引起的森林火灾，将舜帝用泥土捏成的几个小杯子，烧成了陶器。故事的真假我们暂且不论，但人与陶器无疑是来自泥土的奇迹和杰作，由此带给地球无限生机与趣味。

交织文化

铜川位于泾、洛之间，是古代佛教自西域东传后的重要传播之地。历经千年时光，西方佛学和秀美山川在此融为一体，形成了以玉华山、香山、药王山为核心的佛教区域，并直接对耀州窑产生了重大文化影响。

佛教是世界三大宗教之一，起源于古印度。传入中国后，与华夏本土文化互相补充、融合，逐渐成为我国传统文化的主干之一。僧侣们在弘扬佛法时，往往喜欢引用古印度的民间故事，借以深入浅出、通俗易懂地阐述教义。佛经传入中国后，随着汉译佛经的流传，这些故事便在华夏大地上扎下了根，有些故事甚至表现在器物的造型和装饰艺术之中。

耀州窑诞生于唐朝，发扬光大于五代和宋朝。这个阶段的瓷器造型和图案，曾大量取材于佛经故事。例如，唐代黑釉塔式盖罐、五代青瓷提梁倒灌壶、北宋青釉刻花三鱼纹碗这三件瑰宝，饰物中用不同的动物讲述了3个寓言故事。

一只猴子

　　1972 年，在耀州窑遗址区内的黄堡镇新村，出土了一件唐代黑釉塔式盖罐。它高约 52 厘米，由底座、罐腹、罐盖三部分构成。胎体较厚，黑釉凝厚，釉光温润含蓄，庄重典雅，造型粗犷雄放，在敦实中突出其阳刚之美。由于设计制作巧妙，虽说附着有 20 种动植物造型，但没有繁缛之感，反而主从有序、层次分明。其底座形似方亭式的建筑，四面捏塑有坐佛、飞鸟、力士、兽头、花卉等；其上为堆贴的 12 瓣莲花，花蕊中托起圆圆的罐腹。罐盖模仿转法轮塔制成，七重相轮自下而上、由大到小叠加。有趣的是顶端堆塑有一只猴子，它坐在塔顶，屈腿直身，一手搭额头，一手抚膝盖，做舒目远眺状，形象顽皮，活泼可爱，给庄重的器物增添了活力和生气。

　　根据佛经记载，佛教的创始者释迦牟尼为了普度众生，曾先后转世为机灵的猴子、威武的雄狮、欢快的鱼儿和九色神鹿等等。释迦牟尼转世为猴子时，曾与鳄鱼斗智。故事发生在古印度。恒河两岸长满棕榈树，树上有只饥肠辘辘的小猴子，

耀州窑唐代黑釉塔式盖罐及罐座贴塑特写

远处河心岛上的香蕉树结满了果实，河面上浮有一对母子鳄鱼。母鳄鱼想吃猴子的心，便要求小鳄鱼去抓猴子。但小鳄鱼不会爬树，便想用计谋欺骗猴子。小鳄鱼爬上岸，来到棕榈树下，仰头对猴子说："我背你去河心岛，那里有许多好吃的香蕉。"猴子听后连忙从树上跳下来，高兴地骑在小鳄鱼的背上。小鳄鱼游到河中间时，身子开始逐渐往下沉。猴子惊讶地问："你要干什么？"小鳄鱼冷笑道："我要淹死你！我妈正等着吃你的心呢。"猴子这才明白自己因为嘴馋，上了当。它想了想，对小鳄鱼说："我想着要去吃香蕉，所以只把嘴带来了，心还搁在树上呢！"小鳄鱼听后，信以为真，转身游回岸边，让猴子上树去取心。小猴子立刻蹿下鳄鱼脊背，三蹦两跳地爬上树，转身钻入丛林，不见了踪影。

两头狮子

1968年，陕西彬县出土了一件五代时期的耀州窑青瓷提梁倒灌壶。它通高19厘米，腹径14.3厘米，腹深12厘米，通体施青釉，胎质坚细，光洁润泽，壶身呈梨形，盖、梁、身连为一体。

该壶无口无盖，只在壶底中央有一梅花形注口。使用时须将壶倒置，将酒由梅花孔注入壶腹，故名"倒灌壶"。壶内置漏注与梅花孔衔接，酒通过漏注流入壶内，利用连通器内酒面等高的原理，由中心漏注来控制酒面。倒出时有同样的隔离装置，因壶内中心漏注的上孔高于最高酒面，使酒不致外溢，若外溢则表明酒已经装满。这件"魔壶"设计巧妙，可谓浑

陕西历史博物馆藏耀州窑五代青瓷提梁倒灌壶

然天成，匠心独运。

　　倒灌壶是国宝级文物，整体构思奇巧，布局严谨合理，壶腹圆鼓，壶面剔刻多个造型，富含中华文化元素。如双层柿蒂，预示"事事如意"；下腹饰仰莲纹，喻为稳坐高台。也有人因壶表装饰有狮（兽中之王）、凤（鸟中之王）、牡丹（花中之王），所以称其为"三王"壶。其上部凤凰代表永生太平，牡丹代表大富大贵，底部莲花代表平安如意，而堆塑为壶嘴的那对母幼狮，则代表着醒悟。

这一对狮子，母狮凶猛威武，张口怒吼，幼狮憨态可掬，正在腹下吮吸乳汁。为什么要设计狮子为壶嘴呢？这要从一个佛教故事讲起。

从前，有一位猎人收养了一头走失的小狮子。小狮子和家中小羊一起长大，它一直以为自己是小羊。有一天，小狮子路过河畔，突然发现河水中倒映着一头威风凛凛、披着鬣毛的狮子。它被吓得魂飞魄散，吼了一声，仓皇跑开。这一声吼，把周边的群羊吓蒙了，也让小狮子自己吃惊不小。过了一会儿，小狮子壮起胆子，慢慢靠近河边，发现河水里狮子的倒影，竟然是自己。这时，正好一头母狮经过河岸，也吼叫起来。小狮子听后，猛然意识到这是自己的母亲，又试着回应地吼了一声。母子之间的互相感应和呼唤，让小狮子终于回到母亲的怀抱，也认识到自己原来不是圈中羊，而是草原雄狮。

三尾小鱼

1972 年，耀州窑遗址出土了一件北宋青釉刻花三鱼纹碗。它高约 4.8 厘米，直径 12 厘米，底径 3.5 厘米，敞口圆唇，斜曲腹，青绿色釉泛黄。碗内刻有一条条涟漪，宛如一汪碧水。用斜刀勾勒出三条正在畅游的小鱼儿，等距离分布在其间。此碗工艺精熟，刀锋犀利，线条流畅，图像细腻精致，颇具艺术魅力，称得上耀州瓷中的珍品，令人百看不厌。

三鱼纹的来历，也起源于佛经中的一个故事。古时候，在印度波罗奈玛河里有三条鱼，分别叫大思、中思、小思。它们生活的区域虽然生活安定，

但是食料缺乏，时常填不饱肚子。

  一天，它们游进一处河湾，发现这里有丰富的食料。三条鱼喜出望外，大口地吃起来……中思吃了一阵后，突然觉得这里的食料多得不正常，便提醒同伴，赶快离开这里，游回森林，不然，就会大祸临头！大思、三思却说，离开食料如此多的地方，岂不可惜。中思再仔细一瞅，发现它们已钻进了渔网，如果不赶快逃离，就来不及了！但是，大思、三思依然贪婪地吞咽着食物，不肯离开。中思决心拯救自己的伙伴大思和三思。它先沿着渔网搅水，仿佛一条鱼已挣脱渔网；然后再潜入网底搅水，仿佛又有一条鱼破网而逃。岸上渔夫以为鱼儿已逃，赶紧拽住一端收渔网。结果，大思、三思依靠中思的帮助，摆脱渔网，逃回了森林，获得了新生，但是中思却为救它们失去了生命。

耀瓷风靡

在古代艰难的交通条件下，位于西北腹地的耀州窑黄堡窑场，生产的瓷器遍布祖国的东南西北，甚至远销海外，东达朝鲜、日本，西至西亚、东非。

国内遗存

陕西靖边城北统万城是大夏国都城，系赫连勃勃所建，故又称"赫连城"。此城有近1600年历史，是农耕文明与草原文明交汇之处，又是北方交通要道。城内表露遗物和出土文物极其丰富，上至魏晋南北朝，下迄唐宋。例如唐代耀州窑的三彩水盂、素胎褐彩盖盒、黑釉瓜棱执壶等。

元代集宁路古城遗址，位于今内蒙古乌兰察布市土城子村。古城最早

统万城唐代耀州窑黑釉瓜棱执壶

统万城唐代耀州窑素胎褐彩盖盒

统万城唐代耀州窑三彩水盂

甘肃天水市博物馆藏宋代耀州窑青釉十三瓜棱瓷执壶

建于金代，后被元朝沿用，是当时草原居民与河北、山西等地商人进行交易的市场，也是草原"丝绸之路"南端的重要节点。遗址曾经出土大量各类文物，堪称中国北方草原地带的"庞贝城"。仅就瓷器而言，中原及南方九大窑系的瓷器都有出土，多达千件，而且质量上乘。它们均属外销瓷，包括定窑系釉印花盘、钧窑系月白带斑釉盂、磁州窑系白釉黑花盆、龙泉窑系豆青釉碗和耀州窑系姜黄釉刻花碗等等。

甘肃也是珍藏耀州瓷较多的区域。陇东的天水市自古就是关陇咽喉，商贾云集，经济发达。该市博物馆收藏有几十件耀州瓷，最精美的是一把

甘肃华池李良子窖藏出土耀州窑
宋代月白釉玉壶春瓶

甘肃灵台出土耀州窑宋代青釉刻花忍冬纹瓷盘

青釉十三瓜棱瓷执壶。它高 22.1 厘米，口径 9.5 厘米，底径 11.3 厘米。喇叭形口，直颈，鼓腹。腹上饰有宋代流行的瓜棱纹十三条。此壶是宋代耀州窑具有代表性的精品，有较高的历史价值、艺术价值。

甘肃境内的其他市县也发现多处耀州窑瓷器窖藏。如 1972 年 9 月，华池县出土有宋代 50 余件耀州瓷产品，器型有瓶、炉、盂、盒、杯、盘、碟、碗等。其中一件玉壶春瓶，造型优美独特，色泽明亮透彻，被评为国家一级文物。灵台县出土一个青釉刻花忍冬纹瓷盘，盘内采用半刀泥手法刻出花纹，器形美观，釉色润泽，纹饰华丽，被评为国家一级文物。环县位于陕、

耀州窑唐三彩胡人俑

甘、宁三省区交界处，历史上是关中通往塞外的咽喉要地，也是丝绸之路上的重要中转站。境内出土一件青釉刻花牡丹纹大碗，精巧秀美，釉面光洁匀静，刻花技法犀利流畅，纹饰寓意吉祥，是耀州窑的典范之作。

耀州窑博物馆唐三彩展柜里，陈列有多尊高鼻长髯、长袍宽领的胡人造型。他们或骑在雄健的骆驼上，或牵引着仰首扬蹄的骏马，各个惟妙惟肖，极具传神，好似梦回唐宋，胡音犹存。由此我们断定，耀州窑工匠一定接触过许多胡人，因为如果没有接触和近距离观察，很难塑造出如此写实的域外人物的艺术形象。

耀州窑宋代青釉印花小碗

海外遗迹

　　唐代开始中国便有陶瓷销往国外，当时的主要产品是唐三彩和长沙窑青釉等。唐廷在广州、明州（今宁波）、泉州设立对外贸易司，实行贸易保护和激励政策。到了宋金时期，随着对外贸易的发展和航海技术的进步，中国瓷器更是被大批量地运输到国外。此时，外销瓷器主要以龙泉青瓷为主，其次是景德镇青白瓷。时至元代，景德镇青花瓷成了出口的主角。面对众多有竞争实力的南方窑口，产于高原、主销内地的耀州窑瓷器居然分得一杯羹，渡重洋，越高山，现身欧亚非三地市场，并且在千年之后成为

各国博物馆的镇馆之宝，不得不说是一种
奇迹。

　　耀州窑瓷器的外销集中在北宋。当时
的外销瓷器品种多为一色橄榄釉，器型多
见碗，碟，采用刻花和印花工艺装饰。

　　耀州窑瓷器在日本的出土地区主要
集中在京都府、福冈县、佐贺县等遗址。
瓷器以青釉为主，包括印花碗、素面碗、
印花花卉纹碗、印花水波鱼纹碗、印花花
卉纹钵、青釉印花碟和印花牡丹纹盘等。
据日本学者上田秀夫统计，目前日本出土
的耀州窑青瓷数量，共计 27 件。其中，
1980 年在京都左京三条三坊一条 12 世纪
的水沟里，出土的 1 件青釉印花碗，是耀
州瓷在日本的首次发现。

　　朝鲜半岛耀州瓷的主要出土地在开
城。这里曾经是高丽王朝的都城，经历了
500 多年的繁荣，传统商业兴盛。另外，
朝鲜黄海道海州，韩国全罗南道、忠清北
道等地也有耀州瓷出土。根据韩国学者金

耀州窑唐代青釉葫芦形执壶

耀州窑宋代花口碗

英美介绍，朝鲜半岛出土的耀州青瓷，主要收藏在韩国国立中央博物馆，共 60 多件，以碗最多，其次为盘、罐、盏等。

西亚地区，阿曼北部海岸的重要城市苏哈尔（也译作苏法尔或索哈尔），为欧亚非三洲的交通枢纽，也是贸易活动的重要港口，还是古代中国陶瓷的重要转运站和集散地。从 1980 年起，在苏哈尔城外陆续发现的我国唐宋时期的陶瓷残片中，就包括耀州青瓷。

伊朗布什尔省的尸罗夫是中世纪波斯湾著名港口，是波斯与印度、中国进行海上贸易的中心之一。在此出土有耀州瓷青釉印花花卉纹瓷片，其

耀州窑金代姜黄釉刻花三婴攀莲纹碗

哈佛大学博物馆藏耀州窑宋代青釉划花盘

哈佛大学博物馆藏耀州窑金代青釉折边瓷碗

中可辨的以碗、盘为多。此外，在以色列的阿卡古城，也发现有耀州瓷青釉印花缠枝菊纹碗。

北非地区，位于埃及开罗南郊的福斯塔特，是目前海外出土古代中国陶瓷最多的地区。福斯塔特位于首都开罗的南郊，兴盛于公元 7 至 10 世纪，相当于我国的唐宋时期。它地处欧亚非大陆的交通中枢，是东亚商品从红海转入地中海的集散中心，也是东西方文明的交融点。20 世纪 60 至 90 年代，有多位日本学者到此遗址调查。随后，日本学者与埃及政府联合，对遗址以前出土的文物进行清洗、分类和分析，从逾百万件瓷器碎片中分辨出耀州瓷 25 片，以碗、盘为主，有刻花。

东非地区，坦桑尼亚海岸的数十处遗址中都曾出土中国古代瓷器残片，其中距离海岸线约 1 千米的基尔瓦岛，是发现残片最多的地方。该岛曾是伊斯兰世界的重要城镇和商埠，经过对岛上宫殿和清真寺遗址的发掘，出土了大批的中国瓷器，其中也有耀州青瓷的标本。

大洋彼岸的美国，哈佛大学博物馆收藏有金代青釉折边瓷碗、宋代青釉划花盘。在欧洲，有大英博物馆藏青釉刻花牡丹纹盖盒，法国集美博物馆藏北宋青瓷剔花牡丹纹双凤口注壶。在东瀛，有东京国立博物馆的青瓷刻花唐草纹注壶、青瓷凤凰唐草纹花瓣钵、青瓷印花宝相华唐草纹碗、青瓷花纹盖盒等，大阪市立东洋陶瓷美术馆、富山县美术馆、山口县立萩美术馆、爱知县陶瓷资料馆、大和文华馆等博物馆，也收藏有多件精美的耀州瓷。

多个国家的古城、废城和沿海地带，博物馆或艺术中心都发现和保存有耀州窑瓷器在内的中国古代瓷器，这充分反映了中国瓷器在世界范围内的影响。

陆海流通

古代，运输瓷器，陆路自然要靠畜力驮运，但陶瓷是易碎品，经不起颠簸，如何解决这个问题，古人自有绝妙的办法。明代奇书《野获编》记载：商人在每件瓷器内都装上少量的泥沙和豆麦，按10个一组把它们叠摞捆扎，放在阳光充足的地方频频洒水。一段时间后，豆麦发芽生长，填充了瓷器间的空隙，并互相缠绕着与瓷器结为一体。将生长着豆麦的瓷器试着投之以地，只要是不破损者，即可装车。装车以后，又从车上扔下数次，坚韧如故者，价格比一般包装的要贵10倍。

运输陶瓷的海路，又称海上"丝绸之路"，1913年由法国东方学家沙畹首次定名。其线路大致可以分为两条，一为南海航线，经中南半岛和南海诸国，穿过印度洋，进入红海，抵达东非和欧洲，途经100多个国家和地区，是我国对外贸易往来和文化交流的主要通道；一是东海航线，从我国胶东半岛直通辽东半岛、朝鲜半岛、日本列岛，直至东南亚地区。

宋代，我国制船技术处于世界领先地位，海船结构坚固合理，行船工具完善，装饰华美。特别是已开始使用指南针导航，开辟了海外贸易的新时期，也带动了陶瓷产业的发展。

星火燎原

北宋耀州窑的外销史，犹如夜空中的一颗流星，初始瑰丽无比，光彩照人，不久便暗淡沉寂，消失在夜幕之中。

那么，耀州外销瓷最初的火花来自何处呢?

一是承袭了越窑的衣钵。越窑的青瓷生产，从东汉开始呈现蓬勃向上的姿态，到了唐朝达到顶峰，时至北宋就衰落了。青瓷的中心窑场从南向北转移，技艺被新兴的耀州窑承接，成为中国青瓷的代表。《老学庵笔记》曰："耀州出青瓷器，谓之越器，以其类余姚秘色也。"处于鼎盛期的耀州窑青瓷，不仅成为皇家贡品，也是海外客户抢购的商品。

二是刻花工艺。独创的刻花新工艺，用一竖一斜两刀走的手法，使得瓷器纹样轮廓凹凸鲜明，具有立体感。加之耀州窑图案优美、造型生动和釉色晶莹，被誉为"青瓷刻花之冠"，也倍受海外用户的青睐。

三是技艺传播。处于发展兴盛时期的耀州窑，其制瓷工艺和装饰技术，引来南北方各窑学习模仿，无形之中萌生出一个南北互通、东西并联，由众多窑场所组成的耀州窑系。耀州窑迎来历史上的高光时刻，一跃成为宋代六大瓷窑之一。

南宋时期，随着沿海的龙泉窑系、同安窑系的兴盛，以及高丽青瓷的兴起并热销，耀州瓷不再那么受人关注。再加上西夏势力的扩张，阻碍了"丝绸之路"的通行，耀州窑逐渐失去了竞争优势，外销产品陷入停滞。

柴窑之辩

中国历史上各种争辩比比皆是，从两小儿辩日到百家争鸣，从哲学领域到艺术范畴，屡见不鲜。虽然有的辩论场面可能让人觉得不适，但最终会使真理凸显，进而达成共识。假如辩论之风吹入耀州窑，学者们大概也会争论『柴窑』之归属问题吧。

五代时期，窑口林立，名窑迭出。周世宗柴荣不满足现状，下令建新窑烧制御用青瓷。据记载，此窑其产品具有"青如天，明如镜，薄如纸，声如磬"四大特征，被誉为千古最美的青瓷。其窑成为诸名窑之冠，史称"柴窑"。

众所周知，中国的陶瓷自创烧以来，多以产地命名，但也有个案，如哥窑。相传宋代龙泉章氏兄弟各主窑事，兄长的窑称作"哥窑"，为宋代名窑之一。但以皇帝的姓氏来冠名，唯有柴窑。

历代对于柴窑的记载不少，但多集中在明清和民国，一般为赞美之词和引用他人的语句，少有实证定论，叙述言语也充满了神秘色彩。因此，

陕西考古博物馆藏耀州窑五代青釉"官"字款标本

柴窑产地后世为之不休争论，形成多种流派。

湖田窑说：湖田窑就是柴窑。该窑位于今景德镇市东南湖田村，五代时烧造青瓷和白瓷，青瓷胎色青灰，白瓷洁白，产品以盘、碗为主。

河南青瓷说：柴窑应该在中原地界。宋代名窑的"汝、官、哥、钧、定"，其中有三个就在河南，而且有的在郑州辖区内，有的则紧邻郑州。这种分布具备烧制后周御用瓷器的最佳区位条件。

越窑秘色瓷说：由五代开始到北宋早期的秘色瓷就是柴窑。

杜撰之说：20世纪30年代，日本考古学家大谷光瑞认为柴窑是捏造出来的；中国古瓷器研究专家陈万里也认为柴窑是一种杜撰。

……

以上种种说法，角度不同，结论相异，各有千秋。1961年，禚振西首次见识到耀州窑址出土的瓷片时，还是一个刚从高校毕业的青年。到了今

陕西考古博物馆藏五代耀州窑青釉花口盏

陕西考古博物馆藏耀州窑五代青釉剔刻缠枝牡丹莲纹倒装壶（残）

陕西考古博物馆藏耀州窑五代青釉剔刻缠枝牡丹纹执壶

陕西考古博物馆藏耀州窑五代青釉盂

西安柴窑文化博物馆藏疑似柴窑的天青釉双龙双凤壶

天，已是耄耋老者的她仍在窑址上从事发掘和研究工作。禚先生在《柴窑探微》一文中指出："从发掘得知，黄堡窑早在唐代就烧造了青瓷……"她根据历代文献、典籍对柴窑的记载，用"青如天、明如镜、薄如纸、声如磬""滋润细腻，有细纹"以及"足多粗黄土"等诸多特征，与出土的黄堡窑青瓷标本进行了一一比对，认为"出土瓷器与文献记载的特征相吻合"，所以提出了黄堡窑的"五代天青釉瓷应是周世宗的柴窑产品"的新说。

柴窑之谜，随着耀州窑陆续有力的佐证和论点的浮出，或许一锤定音，万籁俱静；或许继续争论，成为永远的谜团。这种探析研讨，宛如天籁，也正是柴窑散发千年魅力之所在。

花插飘香

有古书称铜川『山川险峻，地方瘠苦，人无外嗜，故其民风淳朴』，但历史上的铜川，被众多的帝王鸿儒、文人雅士眷恋，耀州的天空飘过丝竹之声、琴瑟之音和雅韵之风，当然，也有赏花、品花之风。

同官县（今王益区、印台区）古属雍州，秦隶内史，北魏建县，千百年来积淀着丰厚的文脉。

同官虽居山区，沟壑遍布，但盛产鲜花，人人爱花儿。当地流行的《四季歌》词云：

春天最快活，

庆元旦，家家乐，

逐去瘟疫乡人傩。

牡丹儿初放，

海棠儿零落。

闲去园林听鸟歌，

景最乐。

万紫千红，

山清水绿波。

文献记载，县内有多座村庄以开花果树取名，如杏林村、桃园村、梨园庄、桃树坡等等。全县分布桃园 73 处，杏园 24 处，梨园 12 处……由于乡间花朵繁盛，林树成片，养蜂人常年聚居于此。当地婚庆风俗，处处需要用花儿来帮衬——新郎要簪花披红，骑马去接亲；婚轿临门，婆家以茶壶嘴插花及红纸喜封迎接新娘，俗称"接轿"；婚礼仪式结束，主家给老小外家（舅家）披红插花，新郎跪拜答谢；晚上闹洞房，大家玩耍"折花"等游戏，直到午夜放散。

同官文士乡绅，也常常借花抒情。每逢九月九日重阳节，他们呼朋唤友，登高望远，思念亲人，共饮菊花酒。明末，儒学大师寇慎归隐故里，赋闲著书。他年已耄耋，依旧飘逸洒脱，赏花酌酒，神韵悠然，好似东篱菊翁。清晨，居住济阳寨的寇慎，荷锄修圃，浇花灌柳，劳作小憩，地埂饮茶，聆听山间青林里传出的阵阵樵歌。傍晚，济阳夕照，红霞映树，寻几个田翁野叟，携上一壶浊醪村酒，围坐山畔，共唱一曲浪滔滔大江东流……三杯两盏黄昏后，世道沧桑一醉休。

如今，铜川将玫瑰花定为市花。它是蔷薇科的灌木，寓意着高贵，美

耀州窑宋代青釉刻花花插

好常在，青春常驻，纯真简朴，爱心与特别的关怀。但在城乡各处建立的景区和公园，不只有玫瑰花。姜女故里的万亩桃树，粉红与雪白相间的花潮，密密层层，宛如一片朝霞；军台岭的满山连翘，满枝金黄，花色点点，带有几分娇艳，迎风起舞；南屏公园的各色牡丹，花朵硕大，花瓣肥厚，散发缕缕清香，让人流连忘返……

2014 年，王益区黄堡镇纺织厂出土了一盏宋代青釉刻花花插。它的出现，让世人眼前一亮。

花文化在我国源远流长，早在先秦时期，各种陶器、青铜器上就有花卉纹饰。《诗经》有许多对鲜花的描述，其中一句曰："维士与女，伊其相谑，赠之以芍药。"描写了男女青年为表达相互爱慕之情，临别时折下芍药花枝相赠的情景。一束束的鲜花，系人情思，寄以心曲，自然而然产生文化灵魂，孕育出了插花艺术。西汉宫廷内，就有嫔妃将四时之花置于寝室内的记载。唐朝，牡丹是国花，花蕾怒放之时，人们争相赏花、买花，

陕西考古博物馆藏耀州窑金代葡萄婴戏纹梅瓶

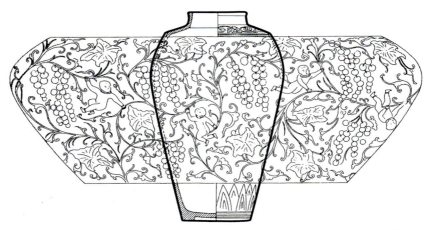

陕西考古博物馆绘耀州窑金代葡萄婴戏纹梅瓶图案

宫廷内也要举办程序烦琐、讲究排场的牡丹插花大会。进入宋代，插花艺术发展到极盛时期，不只追求怡情娱乐，还特别注重构思的理性意念，内涵重于形式，以体现出理性意趣、人生哲理或品德节操等。黄堡出土的宋代青釉刻花花插，便烧制在这个时代。

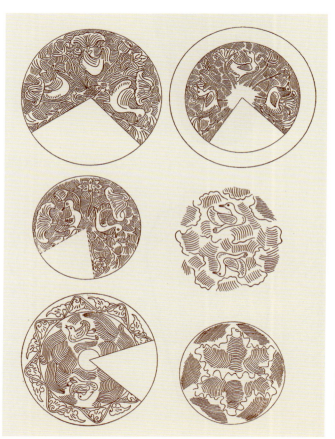

北宋中期印花水波戏禽纹（选自《陕西铜川耀州窑》，陕西省考古研究所编著、科学出版社1965年版）

北宋中期植物花卉纹（选自《陕西铜川耀州窑》，陕西省考古研究所编著、科学出版社1965年版）

　　这一青瓷花插，口径 14 厘米，底径 5 厘米，通高 6.3 厘米，由内外两部分组成，整体釉色滋润均匀，器型轻盈秀美，设计慧心巧思，是盏匠心独运的耀州窑精品。

　　它外部呈盆形，敞口斜沿，圆唇微卷，壁外刻复层莲瓣纹，口内贴有 6 个由扁泥条折叠成的"山"字形插孔，并按等距离相称分布。内部盆底原粘有半球形插花座，中间空腔，可惜已破损，无法目睹原有外貌，但从残留下的 6 个壶门形插孔，及环绕菱花曲沿的形状来分析判断，这应是一朵含苞欲放的菡萏造型。

　　可以随想，春夏时节，百花争艳，提壶向青瓷花插里注满清水，择鲜花插"菡萏"之上，内沿 3 对孔辅以枝叶或藤蔓作为陪衬。将花插置于房内几案，花叶十几日不衰，香气不散，居此雅兰之室是何等的安逸舒畅，赏心悦目呢！

　　在博物馆展厅柔和的灯光下，凝视这盏青釉刻花花插，不由让人辗转时空，梦回宋朝——漆水河畔，明月倒影，楼阁中一位貌美女子，身穿素裙，长发及腰，时而举手插花，时而摄衣抚琴。她纤纤玉指弹奏出的曼妙乐音，透过博山炉氤氲的瑞香，传到户牖外、荷塘边。此情此景，令人不禁闭目参悟生活的禅意与诗情。

　　这盏花插虽经历千年光阴，时至今日，似乎仍能看到插在上面的灼灼花儿，岁月流逝，但花插的素丽和千年前的芳香常留世间。

浅吟民谣

长久以来，黎民百姓在田间地头、林中河畔的劳作中，你一句、我一句拼凑合成的民谣，往往朗朗上口，易记易诵，脍炙人口，流传至今，陶瓷行业也不例外。这些民谣没有《诗经·国风》那样绚丽的光彩，却也点缀了陶瓷从业者的平凡生活。

民谣触动心灵，是嘈杂世界里纯粹的声音。它每个音符似乎都带着体温，令人心旷神怡，亲切不已。

民谣是一个时代社会现象直接或间接的映像。各地陶匠窑工在长期的生产过程中，创造并积累了大量的俗语、民谣，逐渐成为当地陶瓷文化中一条别样红的支系。这其中有诉说生活辛酸的："手持火把进坯房，照得一副好家当。左边摆的匣钵桶，右边搭的料板床。料板床上猪油絮，臭虫虱蚤闹嚷嚷。翻来覆去睡不好，苦苦熬挣到天亮。"也有反映心情变化的："三天不看戏，肚子就胀气。十天不看戏，做工没力气。一月不看戏，见谁都有气。"言词活泼滑稽，让人仿佛瞧见了一个长时间没戏看，满脸不

高兴的窑工形象。还有朗朗上口的儿歌："瓷宝宝，水里洗个澡，火里睡个觉，醒来穿上绿衣裳，再把脸蛋描。一个泥娃娃，变成新娘了。乘船渡过好望角，世界都夸中国宝。"

陈炉镇当地学者高建龙、吴阳旗，隐于山村，心系耀州瓷，走访耄耋，采集民谣，促使这一闻于乡间、传于窑工，面临失传的耀州瓷特色传统文化得以延续。在此采撷若干首，供读者品读。

陶家谣：

1. 要想吃饱饭，天天轮子转。一天转三晌，回家睡热炕。

2. 要想饭菜香，天天耙泥浆。泥浆耙得细，回家迷迷戏（好戏）。

3. 烟囱冒了烟，窑匠掂火锨。愁的要熬眼，喜的吃鸡蛋。

4. 碗碗当当响，回家见婆娘。饭儿早做好，四菜加一汤。

5. 瓮瓮筛声子，不敢回家去。小心鞋底子，打的鼻血出。

6. 耙泥娃，鞋磨穿，妈妈给娃打鸡蛋，好好吃粑将泥粑，年底再做新衣衫。

7. 掭坯娃，磨破肩，妈妈一见好心酸，棉垫垫儿纳一个，再炼铁肩男子汉。

8. 药坯的，三折窝，太阳越艳越利火，待到把坯收拾完，回家脊背背个锅。

9. 盖号盆子里边涮（釉），微微弯腰腿直站。一天滴尽尿点点，裤腿湿成尿片片。

10. 当个旋匠刀要残，坯要旋得薄又圆，大小尺寸掌握好，掰了錾了没有钱。

11. 掌柜的，太啬皮，瓷窑窑窝不铺席。整的窑匠难张腰，老是把炭填不匀。

12. 老板娘，皮太啬，调下饭菜油几滴。长工肚子没油水，干活腰吊肋子稀。

13. 采料的，最辛苦，风吹日晒黑又粗。谁叫你娃瓷又笨，年过三十没媳妇。

14. 掌柜的，太啬皮，过年过节没酒席。清明已过干瞪眼，作坊白白没有人。

15.掌柜的，心儿长，八月十五杀腔羊。匠人供作吃个美，干活个个挣断肠。

16.掌柜的，怕出水，整天耍的嘴皮子。匠人供作憋着气，窑窑瓷器少浑浑（好的）。

17.老板娘，菜炒油，吃得匠人涎水流。嘴系沾得紧又紧，瓷器个个光溜溜。

18.坯房佬、坯房佬，陶泥做坯双手搅。弯腰弓背神力大，婆娘娃娃享福乐。

制瓷谣：

1.拉坯：拉坯讲究薄厚均匀，体形大小差之毫厘。铺衬子来捏嘴系，坯体底部勿作水水。

2.旋坯：旋坯刀子要搭残，坯子轻巧不能烂。内外光滑无肋子，旋匠手里出珍品。

3.施釉：能工碱要拿得蕆（chǎn），碱浓药稀很自然。恰给瓷器穿新衣，出窑陶瓷赛青器。（碱为底釉，又叫化妆土；药指釉，俗称药）

4.画坯：坯在手中转，画笔不停点。似花又似字，纤指高手艺。

5.刻花：竹签高手艺，斜刀顺线刻。平刀剔毛泥，齿篦梳花蕊。

6.装窑：掇坯讲究雪花盖顶，装窑细慢不能疏忽。坯底捻实不能格磊，缝子要严不能错合。

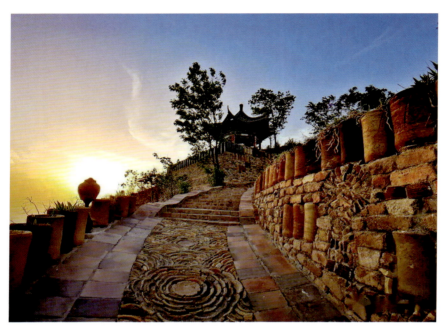

陈炉古镇瓷片铺路景观

陈炉古镇罐罐墙

耀州窑现代制坯场景

耀州窑现代刻花场景

7.烧窑：火里求财看神工，窑匠才是一把手。哨里灰净缝扰严，装好母火是关键。点窑起火里外观，若有异常要相端。如果烟囱不冒烟，内有湿气会投焰。赶紧点火把烟引，否则祸端将引起。窑内烟气急聚集，引爆声大如巨雷。窑门冲出两丈远，震裂瓷窑震烂坯。火起以后注意看，别让梢风哨里钻。勤看勤点勤捉锨，起先把火务牢藏。中火填煤看照子，让火均匀巷里进。前石巷里都亮堂，才能行动大火上。窑匠哨匠配合好，漏哨才能功不少。哨里煤填平展展，火里才能没死烟。没死烟、不串烟，瓷器身光脸儿鲜。填煤多少看煤质，虚火再大无威力。炉中虚火挡不住，煤里加水再加灰。如若炉膛易结渣，煤里少许白灰加。巷里药记相继泪，窑顶引窗砖红飞。匣钵外部泛白炽，窑门敲起声沉闷。照背药记成烛泪，烟冲炬火冲天宇。根据以往的经验，熄火瓷已成窑内。窑门打红不打黑，黑窑经风瓷裂纹。

陶瓷产品谣：

1.冬盆盆、夏罐罐，一年四季卖老碗。

2.嫽钵钵、踏调伙，乖娃娃、吃馍馍。

3.凉盘嫽得没豁豁，陈炉老碗深窝窝。

4.圆圆的扁扁，叮当当的硬錾。

5.碱要稠、釉要稀，烧出瓷器赛青器。

6.缸盆碗罐有贵贱，家有次货不上算。

7. 讨价还价人不恼，上门买货狗不咬。

8. 碗薄磕不烂，面筋挑不断。

9. 真金不怕大火炼，瓷货不怕人检验。

10. 碗碗碟碟货物全，挑挑拣拣人不嫌。

制瓷技艺谣：

1. 金娃娃、银娃娃，不如咱这泥娃娃。金银柜、粮食囤，顶不住咱这搅轮子棍。

2. 产品成色好不好，先看窑匠老不老。窑匠老来经验高，装的坯多精品多。

3. 作坊轮子转得快，全凭学徒轮棍带。

4. 棍子拿在手，眼把轮窝瞅。稳住棍梢梢，用力在双手。

5. 轮子转得哗哗哗，塌泥照准鼻疙瘩。双手抱泥使劲搂，稳定中心才上手。

6. 匠人拉坯好与坏，咋撩作水不对外。

7. 里手慢，外手快，外手要把里手盖。里手硬，做成瓮；里手软，做成碗。里手半软子，做成罐罐子。

8. 一轮旋转地浮空，范土为形物像工。炽炭洪炉如炼石，前民利用酬神功。

陈炉古镇夜景

劝学艺谣：

1.只要肯干，事成一半。

2.瓷坊师傅领进门，融会贯通在个人。

3.遍地都有金元宝，全凭勤劳双手找。

4.厉害师傅严，学徒手艺全。娃勤有眼色，师傅喜在心。

5.制瓷不怕难上难，就怕匠人不耐烦。

6.眼过千遍看人做，不如亲手摸一摸。

7.严师出高徒，艺精靠悟道。

生活民俗谣：

1. 五月十五滴一点，耀州城里买大碗。

2. 三月三、下一点，耀县城里买大碗。

3. 收秋不收秋，先看五月二十六。五月二十六滴一点，陈炉山上买大碗。

4. 妈也会，娃也会，瓷窑背上烙锅盔。

5. 窑匠门前过，请到屋里坐。摊煎饼，烙油馍。虽说不卷窑，或许用得着。

6. 罐罐垒墙墙不倒，笼帮铺路冲不跑。瓷瓦换钱花不了，庙会热闹人不少。

7. 瓷窑点着就是嫽，窝子里面卖红苕。炒熟豆子崩玉米，瓷窑背上烙锅盔。歇火老幼谝闲传，闲聊话题说不完。称赞善良批评恶，道听途说消息多。

8. 陈炉古镇几千年，陶砖窑洞祖先传。黑漆油门红边边，角盆围了一圈圈。家家陶瓷如画展，美观大方真耀眼。窑洞夏凉冬天暖，住在里面赛神仙。

9. 窑上摞窑一层层，烟囱全用罐垒成。

10. 白白的门墙下地子窑，下苦的回家炕头上坐。

11. 陈炉祖先就是灵，锅灶连炕大发明。饭做了、水烧了，黑了睡觉不冷了。

陈炉古镇冬季景观

12.十冬腊月北风寒,瓷窑背上谝闲传。歇手歇眼窝,浑身都暖和。歇脚又歇腿,上路走起美。

诙谐幽默谣:

1.伙计打了碗,一下子骂了年半。掌柜的打了瓮,水眼釜餐都能用。

(伙计不小心打烂了一只碗,被掌柜的骂了好长时间。而掌柜的打烂了比碗更值钱的瓮,却说烂瓮片能铺下水道,半截瓮还能喂猪,咋说咋有理。)

2.吹东风起南云,学徒娃锁窑门。

(风雨来临,干不成活了,学徒娃可以锁窑门玩耍去了。)

3.偏脖子掭瓮借向哩,陈炉人搬家有罐哩!

(戏说天生有偏脖子病的人,扛掭瓮无需偏头,陈炉人家里瓷器多。)

陈炉窑民国白地青花人物罐

陈炉窑民国香黄地青黑彩汤盆

4.漏漏大缸扁扁子盆，麻迷子（不讲道理的人）婆娘走扇子门。

5.拉长送扎，烧红再搭。身摇着，眼睄着。手拿炭锹，常撩着。

（旧时人们做饭烧火要用风箱，这便是拉风箱口诀）

每一首民谣，都有一个故事。有的讲窑工的艰辛劳作，有的说瓷器销售买卖，有的是制瓷生产的顺口溜，有的是日常生活中的调皮话。这些接地气、冒热气的俚语，听着土，品着香，再细细体会，就会发现它的自然之美。

窑神传说

古时，各行各业都有自己的行业神。他们或是行业的创始人或是对行业有过突出贡献的人，后人对他们进行祭祀崇拜，祈求神灵保佑他们能够安居乐业、发财致富、生产顺利。这种民间信仰，是中国行会中的重要特色。

    窑神，是旧时窑场崇奉的行业神，也就是保护神。在耀州窑场，窑神有多位，如雷公、宁封子、虞舜、老君、柏林、马王、牛王等，每个窑神都有一段传奇的故事。

雷公造碗

    相传陶碗发明之前，人们都用石碗或者木碗吃饭，又重又笨，使用很不方便。细心的雷公发现，烤过的泥特别坚硬，浇上水也不会再变成泥。于是他用泥捏成碗，晒干后烧烤，这样泥碗果然变硬了，但是烧制的碗有裂口，无法使用。有一次，他偶然发现一小块坩子泥，用它烧制出来的碗，

无裂口不漏水。雷公很开心，但是部落里再没有找到坩子泥。

一天，雷公发现另外一个部落有坩子土，但是对方不让雷公挖。雷公没有办法，只好去偷。他偷到土往回走时被发现了，不幸被打断了双腿。雷公拖着那袋土，爬回了自己的部落。部落的人听说他偷东西被打残了，都因他感到羞耻。雷公没有为自己辩解，只是默默烧制好了几个小碗送给大家，众人这才明白了他为啥要当贼。

后来，部落其他成员帮助雷公在一处山岩下挖出了坩子土，并成功烧制出更加精美的碗。雷公后来又发明了盆、碟、罐、壶等日用品。因此，雷公被陶匠、瓷匠视为始祖，他死后，人们一直怀着极大的敬意纪念着他。

由于雷公偷过东西，所以旧时铜川的陶窑、瓷窑规定，在窑内不能说"贼"和"偷"。如果发现有贼来偷器皿，不准当场捉，要等贼出了门后再追赶。要是有人不遵守这种规定，就会被认为是对雷公的极大不敬。

宁封子制陶

距今 4000 多年前，四川青城山的蜀族部落，靠在岷江中捕鱼、山上打猎谋生。他们用皮囊舀水、莲叶盛饭，使用起来很不方便。有一个猎人宁封子，听说中原发明了陶器后，也想制陶，但是不知道做法。

一天，宁封子边思索制作陶器边烤兔子，不知不觉烤的时间长了些。然后他发现，涂在兔子身上的泥壳，变得特别坚硬，放入水中，也坚固如初。宁封子灵机一动，找到了制造陶器的方法。

有一天，黄帝来青城山巡视，发现盛水果的陶盘特别精致。知道是宁封子的作品后，连声称赞宁封子聪明能干。黄帝封宁封子为"陶正"，也就是主管烧制陶器的官，并让宁封子多招收一些徒弟，把技艺传授给他们，提高陶瓷的产量，满足更多人的需求。

宁封子克服重重困难，建造大型窑炉，招收了几十名徒弟，毫不吝惜地把技艺传授给他们。一个徒弟自以为学到了师傅的全部技能，便离开师傅，独自烧窑。他建造的窑炉，比师傅的还要大。有一天，他点火后不久，宁封子就来了，原来他不放心徒弟。宁封子爬到窑顶仔细观察窑炉的内外构造，突然，窑顶塌了，宁封子落入炉中。顿时，黑烟四起，烈火翻腾。

陈炉古镇祭祀窑神场景

随着黑烟的散去，火苗变得异常瑰丽夺目，泛出红色、橘黄色、天蓝色、银白色、翠绿色、靛青色……火焰中，影影绰绰地现出了宁封子的身影，徒弟放声大哭。宁封子告诫徒弟，以后要仔细总结经验教训，提高技艺，为民众造福，随后，他的灵魂踏着五彩火焰，冉冉上升，最后化为灿烂辉煌的万丈霞光。

天帝被宁封子感动，封他为窑神。旧时铜川立地坡祭祀的窑神之一，即宁封子。

虞舜除妖

在很古的时候，陈炉镇没有窑神庙，窑工也没有祭祀窑神的习俗。窑工们的日子虽然苦，但还能过得去。

一天，突然出现一个怪物，自称窑神爷，要窑工给他建一座庙，每天用猪、羊来祭祀，到腊月三十晚上，还得献一对童男童女。窑工要是不从，家里就灾祸接连不断。村民们又惊又怕，不得不凑钱建了一座窑神庙，天天用猪、羊作为供品，原本就不富余的窑工变得更加贫穷了。到年底，窑工们想起怪物要求用童男童女作供品的事，都愁得吃不下饭，睡不着觉。

这时，来了一个人，他穿着一身官服，身材高大，丹凤眼炯炯有神，每只眼睛里都有两个瞳孔，五绺长髯在微风中轻轻飘动。窑工们向他倾诉了窑神的种种恶行。傍晚，怪物出现后，官员一把捉住它。怪物一见官员吓得浑身颤抖，直呼"舜王爷饶命！"舜王爷掏出一面铜镜，向怪物照去，只见怪物马上变为一只灰狼。陶工们纷纷拿起铁锨、木棒，一拥而上，将狼打得稀烂。扭头一看，舜王爷已经升至半空。陶工们纷纷跪下，向舜王爷道谢。舜王爷说他还是老百姓的时候，也烧过陶器，是同行。

舜王爷走后，陶工们为了报答他的恩德，重建了一座规模更大的窑神庙，就以舜王爷为窑神。

老君传艺

民间相传，很早很早以前，老君炼一种新丹，

陕西考古博物馆藏耀州窑唐代双鱼瓶

陕西考古博物馆藏耀州窑元代青釉印花双鱼纹洗

可是炼了七七四十九天后，开炉却都是夹生丹，一连几炉都是如此，他怎么也找不出原因。道童说，他在人间采集原料时，见同官县的陈炉山上，排满了密密麻麻的窑炉，烧出来的瓷器，虽然有很多破损变形的，但是没有夹生的。

于是，老君化身为衣衫褴褛的老头，到陈炉查看。他来到一家瓷窑，瓷匠见是一个叫花子，顿生慈念，扶老君进来烤火，拿东西让老人充饥。老君问瓷匠烧制方面的事项，瓷匠觉得奇怪，便问老君缘由。老君把自己烧出夹生货的事情告诉了瓷匠，瓷匠听了，便手指窑炉各个部位一一详细解说。老君听后恍然大悟，再三作揖道谢。老君连连走访了几十户瓷匠，都遇见了这样热心肠的人。

回到兜率宫，老君仔细研究人间之所得，改建了八卦炉，重新炼丹，一举成功。再回想陈炉窑场所见，老君觉得陈炉窑炉虽无夹生，但烂、焦、走形的瓷器太多，根据自己的经验，应该是火候掌握上有毛病。于是，他以真身降落在陈炉的山顶上，细致传授瓷匠们烧窑技术。

老君走后，瓷匠们按照老君教授的办法，改变了控火方法，果然炉炉成功，破损走形者极少。为感谢老君，陈炉人便将老君作为窑神，日日膜拜，岁岁祭祀。

柏林制瓷

南北朝时期，在今天的浙江省钱塘江畔，有两个瓷匠，一个叫柏林，一个叫松林。柏林的手艺十分高明，他塑制的瓷坯造型都特别优美，刻出的花纹都格外生动逼真，成品件件极惹人爱，因此他的瓷器经常被抢购一空。松林烧出的瓷器又粗陋又笨重，没有多少人来买，因而松林特别嫉妒柏林。

一天，趁柏林烧窑时离开了一会，松林挑来两大桶水从柏林的窑顶灌了下去，窑内随即发出"吱——吱——"的响声，冒出一大片白气。松林以为瓷器都成了碎片片，便挑着桶扬扬得意地回去了。一会儿，柏林打开窑门取出瓷器一看，每一件瓷器的表面都裂出了许许多多的小裂纹——被凉水激出来的，柏林难受得差点哭出来。

耀州窑清代青花褐彩骑鹿寿星像

柏林想把这些瓷器倒在垃圾堆里，但是这样家人就得饿肚子。最后他决定去市场上碰碰运气，看看能不能多少卖几个钱。结果他到市场后，顾客们还觉得这种有小裂纹的瓷器更加漂亮了。试过不漏水后，顾客们出高价抢购这些瓷器。柏林喜出望外，经过多次试验，终于制作出更完美的有裂纹的瓷器。他把这种裂纹称为"冰裂纹"，并努力钻研，成了名闻天下的制瓷专家。

一天，他来到同官县黄堡镇，发现这里的产品很粗劣，窑工们都吃了上顿没下顿。于是，他主动传授技艺。柏林离开黄堡时，窑工们扶老携幼为他送行。为了牢记柏林的大恩大德，窑工在当地为他建立了一座祠堂，逢年过节都来跪拜致谢。

柏林还到今天的河南省禹州，山西省的介休、榆次等地传艺，当地人为了纪念他，也视他为窑神，为他建庙立碑，常年祭祀。

飞仙洞的传说

同官古城南面，10千米处，有座飞仙山，山的腹部有一孔幽深的岩洞，叫"飞仙洞"。洞口有一座古庙，其神坛塑有三尊神像。中间端坐着的一尊是位老人，须发皆白，其两侧各有一尊青年的站像，都眉清目秀，栩栩如生。

有人说那尊坐像是东晋的炼丹家葛洪。相传葛洪为了采集炼丹用的原料，从老家句容前往广州，又北上至同官县，好不容易才把原料备齐，见飞仙山风光优美，流水清澈，便定居下来，在山腹部的一个天然岩洞内炼丹。烧了七七四十九天之后，丹未炼成，反复炼了几炉，都失败了。

一天，葛洪看见洞外有一队贩运瓷器的人，正在一棵大槐树下休息。葛洪下去观赏他们的瓷器，发现这些瓷器黑的似墨，白的如雪，件件光可鉴人，精美极了。贩运瓷器的人听说葛洪的事情后，建议他到陈炉镇找人建个新窑炉。于是葛洪就找了两个青年帮他重建窑炉，新炉烧了七七四十九天后，开炉一看，炼丹又失败了。建炉的两人很愧疚，寝食难安。有一天睡着后，梦见窑神爷向他们讲砌炼丹炉的诀窍。二人醒来后，依据梦中学到的技巧又替葛洪建了一座窑炉。这次的窑炉烧制七七四十九天后，开炉一看，仙丹金光闪闪，粒粒饱满。葛洪和两位窑工服了仙丹，顿时飞出岩洞，冉冉高升。"飞仙山""飞仙洞""葛真人洞"这些名字，就是因此而得的。后人为了纪念这三位仙人，在洞口为他们建了庙。

1941年陇海铁路支线咸（阳）同（官）铁路修经飞仙山时，堵住了飞仙洞。此后，庙被拆除，碑石被毁，但其传说一直流传到今天。

马王夺鞭

旧时，人们朝窑场运输原料，或往山下贩运瓷器，全靠牲口。由于同官县群山环绕，出行道路崎岖难行，牲口驮运货物特别吃力。

有一年夏天，赤日炎炎，山路焦干滚烫，一个青年脚夫因驮陶土的马爬不上陡坡非常气恼，他一面大声吆喝一面用鞭子打着马，马不停凄厉地惨叫。这时，不知道从哪儿来了一个人，个子很高，脸盘特长，眼睛、鼻孔都很大，皮肤很粗糙，穿着一身深黑色的衣服。他奔到脚夫面前夺过鞭子，厉声呵斥脚夫不爱惜牲口。脚夫辩解说马太懒，窑场急着要用原料。黑衣人当即卸下驮笼，自己扛上坡。脚夫向他道谢，他告诫脚夫驮笼太重、马太老，以后要少载点陶土。

第二天，天气依旧闷热，脚夫又来到陡坡下，马依然驮着沉重的陶土爬不上坡。脚夫又开始鞭打老马，那个黑衣人再次出现了。黑衣人生气地痛骂脚夫，脚夫说自己有两匹马，但是另一匹病了，只能让这匹多载些陶土。黑衣人又帮忙将驮笼扛到坡顶。

第三天，太阳还是火辣辣地照着，脚夫又打着马，让它上坡。神秘的黑衣人还是出现了。黑衣人轻轻抚摸着马身上横七竖八的鞭伤，心痛极了，他夺过马鞭子，把脚夫痛打一顿。脚夫争辩："打自己的马，碍你什么事？"黑衣人露出两排硕大的牙齿，额头中间张开了第三只眼睛："天下的马匹，都是我的儿孙。"

脚夫赶紧给马王爷跪下磕头求饶，并承诺以后再也不敢虐待牲口了。马王爷丢下给马准备的草药，又狠狠地教训了脚夫一顿，这才走了。

此后，人们在陈炉窑神庙正殿旁建了一座偏殿，殿内塑了马王爷的神像。人们又觉得在制造陶瓷器的过程中，牛也立了大功，便在此殿内也塑了牛王的像。人们在祭祀正殿后，向他们焚香、叩拜，求他们保佑牲畜平安健壮。

铁链拴窑神

从前，只要是陶瓷产地，总有一座窑神庙，里面塑着窑神爷的像。

据说，黄堡镇的窑神爷名字叫"兀"，他要陶工们避讳他的名字。可是在铜川的方言里"兀"字用得特别多，例如"兀不是"（那不是）、"兀答"（那儿）……陶工们说话一不小心，就要犯窑神的名讳。犯讳，窑神爷就要出走。他只要不在镇上，瓷器的质量就会下降。人们不得不四处去寻找他，找到窑神后，用八个人抬的大轿把他抬回来，再献肥猪、肥羊供他享用……

如果只是如此，倒也罢了。可是这位窑神还是个色鬼，经常在半夜三更窜到陶工家里，侮辱妇女。陶工们既恨他，又离不开他。可是就这样，窑神爷还是因一个不懂事的小孩说了一声"兀答"而出走了，一走几年都不露面，黄堡镇的陶瓷业很快衰败下来，陶工们流落到了外地。

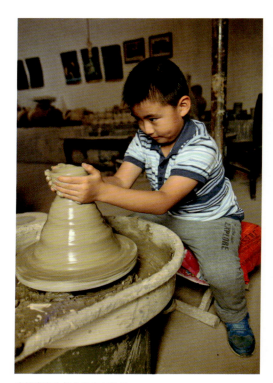

陈炉陶瓷作坊儿童参与拉坯

一天，流落到陈炉的几个陶工，突然在陈炉镇街道上发现窑神爷大摇大摆地闲逛。他们悄悄商量了一下，冲过去把窑神爷捉住了。

　　窑神爷又气又急，一面挣扎一面恐吓窑工。窑工们纷纷指责窑神爷胡作非为，并拿过来一条铁链子，将窑神爷捆得紧紧的，推进镇子中的一座空房子里。窑神爷从此被拴在了这里，这座房子，也就成了陈炉镇的窑神庙。

　　这几个窑工又开始在陈炉镇烧陶瓷。由于窑神爷在这里，瓷器越烧越好，成了远近闻名的日用陶瓷产地。不过，当地窑工也不愿意继续惹窑神爷生气，所以轻易不说"兀"。

编后语

　　"沧海桑田须臾改"，世上的万事万物都会变化。唯独人类植入土地的文化基因，不会因时光流逝而萎缩，反而永存如新。

　　耀州窑是我国北方青瓷产地中的翘楚，又是铜川文化源头之一。它卓越的技艺影响了大江南北的窑场，并逐步形成了一个庞大的窑系；它精美的产品通过海、陆"丝绸之路"，远销欧亚非，被域外视为东方瓷器珍品。

　　隐于黄土高原腹地的耀州窑，是如何取得如此辉煌的成就，使炉火千年不熄的呢？其生产史对今人又有怎样的启迪？这些值得深思回味的往事或知识，往往散落在各种书籍的夹缝里，普通读者和在校学生很难汲取到。于是在西安出版社的安排下，我参照撰写散文的手法，写出了这部有关耀州窑的专著。该书内容全面、通俗易懂，为读者搭建学术和普及之间的桥梁，但我知识水平有限，难免有不足之处，恳请方家斧正。

　　最后要感谢薛东星老师，没有他的精心指导，我很难写出此书；感谢杨美茹女士，在我创作期间给予了鼎力支持；感谢高改荣女士，对书稿进行认真审读。在写作过程中，我参考了禚振西、黄卫平、仵录林等老师编写的书籍，在此一并表示感谢。